Orientalische Märchen

Märchen aus dem Sperling-Verlag

© 2011 Sperling-Verlag, Nürnberg

www.sperling-verlag.de

Umschlaggestaltung und Illustrationen: Irina Piechulek

ISBN: 978-3-942104-06-7

Wüstenlied

Orientalische Märchen

* Orientalische Begriffe

Burka - ein Kleidungsstück, vollständige Verschleierung des Körpers
Burnus - der weite Kapuzenmantel
Chodih – Herr
Derwisch - Bettelmönch
Dschinn – Dämonen, böse Geister
Dschinniya - Dschinn, weiblich
Emir - Herrscher, König
Halva – orientalische Süßspeise
Hekim - Heilkundiger
Huri - schönes Mädchen im islamischen Paradies
Jatagan - krummer Türkensäbel
Kalif – Oberherrscher, Kaiser
Kadi - Richter
Luqman - sagenumwobene Gestalt des arabischen Heidentums
Lukkum – orientalische Süßspeise
Minarett - Turm für den Gebetsrufer der Moschee
Moschee - islamische Anlage für das gemeinsame Gebet
Muezzin - der von dem Minarett die Gebetszeiten ausruft
Odaliske - Haremsdienerin
Rokh - ein Vogel von fabelhafter Größe und Stärke (arabische Märchen)
Schah – König
Serial - fürstlicher Palast
Schaturanga - ein altes indisches Spiel, Ursprung von Schach
Scheich - Stammesoberhaupt bei den arabischen Beduinen
Scheitan - Teufel
Simurgh - König der Vögel, Fabelwesen der persischen Mythologie
Sornay - sehr alte Musikinstrument (ähnlich der Flöte)
Sultan - Herrscher, König
Sure - einen Abschnitt des Korans, der Heiligen Schrift des Islam
Tanga – alte orientalische Münze (Mittelasien)
Uräusschlange – ägyptische Kobra
Wesir - Minister

Inhalt

Die stumme Stimme der Wüste   9
Peter Suska-Zerbes

Meister des Chaturanga   17
Carolin Steilner

Ibrahim und Ali   32
Rainer Güllich

Auf der Suche   44
Tilly Boesche Zacharow

Die Dschinniya   53
Michael Rapp

Die schwarze Rose   63
Hanno Berg

Der Barbier des Kalifen   71
Simon Käßheimer

Der Kadi von Bagdad 83
Cornelia Löscher

Das Herz eines Zauberers 90
Elisabeth Schwaha

Teppichhändler 101
Petra Ewering

Sternentee 111
Laila Mahfouz

Das Wasser des Lebens 124
Matthias Günther

Wüste und Rose 132
Hannes Schernthanner

Herr der Schlangen 137
Gerda Winter

Der Sandkalif 141
Matthias Töpfer

Der Wanderer 152
Vincent von Ableben

Der goldene Vogel
Uwe Niehuus

168

Naphtalidurisoluri
Susanna Bummel-Vohland

181

Der Garten des Khalil Amin
Maria En-Naami

185

Scheila aus dem Hawr al-Hämmar
Barbara Siwik

193

Die Weisheit der Welt
Bert Rieser

210

Wüstenprinzessin
Sonja Jeziorowski

217

Königsblau
Perdita Klimeck

226

Güldschan
Irina Piechulek

238

Die Stimme der Wüste

Vor vielen, vielen Jahren lebte Omar als Choresm-Schah in Gurgandsch. Sein sehnlichster Wunsch bestand darin, die Zufriedenheit seines Herzens zu finden. Da er dachte, dass nur ein reicher Mann ein zufriedener Mensch sein könnte, raffte Omar mit Hilfe eines mächtigen Dschinns*, der ihm als Geist jeden Wunsch erfüllen konnte, alle Reichtümer seines Landes zusammen, und wo ihm das Verlangte nicht freiwillig gegeben wurde, raubte er es mit Gewalt. Aber umso mehr Reichtümer er anhäufte, umso größer wurde sein Wunsch, noch mehr zu besitzen.

Es dauerte Jahre und Jahrzehnte, bis er endlich verstand, dass seine Begierde nach immer mehr Reichtümern mit jedem neuen Gramm Gold und Elfenbein wuchs.

Als Allah, der Erhabene, ihm die Gnade gewährte, dies zu verstehen, wandte er sich an seinem Dschinn, der ihm in allen Dingen zu Diensten stand. „Mekir, Reichtum bringt keine Zufriedenheit. Schaffe mir die schönsten Frauen herbei, damit ich die Zufriedenheit in der Liebe finde."

„Dein Wunsch soll dir gewährt sein, Herr und Meister", entgegnete der Dschinn. „Wenn ich auch nicht annehme, dass dies dir so große Zufriedenheit bringen kann."

„Schweig Mekir und tue was ich dir auftrug!"

Gedrängt, schaffte ihm der mächtige Dschinn innerhalb einer Stunde die allerschönsten Frauen des Morgenlandes

herbei, und Omar trank in vollen Zügen vom süßen Wein der fleischlichen Lust. Wie erschöpft er auch nach einer rauschhaften Nacht mit seinem Harem sein mochte, das Gefühl der Befriedigung verschwand schneller als ein Schluck Wasser im heißen Wüstensand. Der Durst nach wahrer Zufriedenheit wurde, nach jeder so verbrachten Nacht, noch größer, noch drängender.

Und wieder rief Omar, als er dies in all seiner Tiefe erkannt hatte, seinen mächtigen Dschinn zu sich.

„Mekir, auch so kann ich keine dauerhafte Zufriedenheit finden. Schaffe mir auf der Stelle alle Weisen dieses Landes herbei, damit sie mir sagen, wie und wo ich diese finden kann."

„Herr, ich glaube nicht, dass ..."

„Schweige, und schaffe sie mir herbei! Auf der Stelle, sonst möge Allah Gnade mit dir haben."

Erschreckt verbeugte sich Mekir tief bis zur Erde, und brachte dann innerhalb einer Stunde alle Weisen des Orients am Hofe des Choresm-Schahs zusammen.

Als jene die Frage nach der Zufriedenheit des Herzens hörten, nickten sie verständnisvoll, legten ihre Annahmen und Theorien über Wohlsein und Behagen dar, gerieten miteinander in Streit, disputierten über Tage, ohne dass eine einzige, verlässliche Antwort dabei herausgekommen wäre. Omar, der Schah, schimpfte und tobte.

„Mekir, schaff mir auf der Stelle dieses Gesindel aus den Augen, bevor ich mich gänzlich vergesse. Sie wissen alle zusammen weniger, als der letzte Esel im Stall."

„Wie es der Herr befehlen." Schneller als sie gekommen waren, verschwanden die unwissenden Weisen aus dem Palast des Kalifen.

Als der Dschinn wieder zurückkam, fand er den Schah weinend im Garten seines prächtigen Palastes.

„Mekir, wenn ich die Zufriedenheit des Herzens hier auf der Erde nicht finden kann, dann will ich meinem Leben ein Ende setzen, denn es lohnt sich nicht, es so weiter zu führen."

„Herr, Allah der Allmächtige hat euch das Leben gegeben und nur er sollte es euch wieder nehmen."

„Und du Mekir? Weißt du mir denn Rat, wie und wo ich die Zufriedenheit des Herzens finden kann?"

„Herr, diese Zufriedenheit zu finden, ist wie einen hohen Berg zu ersteigen, von dem ihr nicht wisst, ob dieser je ein Ende nimmt."

„Mekir, so sprich doch! Alles bin ich bereit zu tun, wenn mir nur die Hoffnung bleibt, am Ende dieser Reise, die Zufriedenheit des Herzens finden zu können."

„Herr, vieles wird von euch verlangt, wenn ihr diesen Weg gehen wollt, ohne dass ihr die Gewissheit haben werdet, dass eure Pilgerschaft am Ende auch zu diesem Ziel führen wird."

„Mekir, alles ist besser, als in diesem glücklosen Elend zu leben."

„Herr, der erste Schritt könnte schon der schwerste sein."

„Mekir sprich! Ich werde auf der Stelle alles tun, was erforderlich ist."

„Herr, diese Reise müsst ihr allein und mit leeren Händen antreten."

Omar, der Schah, erschrak und sein Gesicht wurde bleich.

„Was willst du mir sagen?"

„Gib alle Reichtümer zurück, denen du sie genommen hast. Lass alle Frauen gehen, von wo sie gekommen sind."

„Aber das kann ich nicht", sprach der Schah.

Der Dschinn verbeugte sich tief vor dem Choresm-Schah. „Herr, verzeiht, aber ich habe euch gesagt, dass es ein schwerer Schritt sein wird. Und dann müsst ihr auch das Wichtigste in eurem Leben weggeben."

Omar wusste sehr wohl, dass Mekir von seiner eigenen Freilassung sprach.

Dreißig Tage saß der Schah in seinem Garten, und die Dämonen der Gier und der Wollust kämpften in seinem Herzen mit seinem Wunsch, seinem Leben einen Sinn zu geben, die Zufriedenheit seines Herzens zu finden. Dann rief er den Dschinn zu sich.

„Ich habe mich entschieden! Gib alle Reichtümer ihren rechtmäßigen Besitzern zurück, lasse alle Frauen gehen, und wenn du diese, deine letzte Aufgabe erfüllt hast, dann bist auch du für immer frei. Morgen werde ich mich selbst als Bettler auf den Weg machen."

„Herr, ich bin dir zu großem Dank verpflichtet. Dafür will ich dir ein Geheimnis enthüllen, das nur die Besitzlosen verstehen können."

„Bei Allah, dem Erhabenen, sprich!"

„Mit der Zufriedenheit des Herzens verhält es sich so wie mit einer Quelle in der Wüste. Sie ist nirgends, wenn nicht in dir selbst."

Omar sah den Dschinn, der ihm so lange treu gedient hatte, lange an. „Was soll ich tun?"

„Viel ist es nicht, was du tun kannst, Herr. Gehe in die Wüste und warte."

Tags darauf wanderte der Schah, ohne zu verstehen was er dort tun sollte, hinaus in die Wüste.

Immer wieder schwankte er zwischen dem Vertrauen, dass

Allah, in seiner großen Güte, sich seiner schon annehmen werde, und der Todesfurcht, in der Wüste verhungern oder verdursten zu müssen. Dennoch ging er weiter in die Wüste hinein, ohne ein einziges Mal zurückzublicken.

Allah belohnte Omars Vertrauen, lenkte seine Wege, ließ ihn eine Oase finden, wo er die nächsten Jahre als Eremit in größter Armut und Bescheidenheit lebte, und Allah und den Propheten für ihre Hilfe und Weisheit dankte und pries.

Und da der Dschinn ihm geraten hatte, schlicht zu warten, ohne dass er genau wusste, worauf er in der Wüste harrte, saß er nur da, vergaß allmählich, dass er nach der Zufriedenheit des Herzens strebte, vergaß sogar, dass er überhaupt etwas begehrte, und zuletzt vergaß er auch, dass er wartete.

Bis ihm auffiel, dass er aufgehört hatte, seinen ständig sich ändernden Gedanken nachzuhängen.

Stattdessen lauschte er der Stille der Wüste, die angefangen hatte, mit ihm in ihrer Sprache der Stille zu sprechen. Er hatte diese stumme Stimme der Wüste nicht hören können, solange seine eigenen Gedanken, wie junge Esel, in seinem Kopf umhersprangen.

Und so saß er unter der Palme in seiner Oase, um sich herum die Unendlichkeit der Wüste und über sich die Unendlichkeit des Firmaments.

Und die Stimme der Wüste wiederholte immer wieder, in ihrer Sprache der Stille, denselben Satz.

„Omar, dem, der nichts begehrt, gehört die ganze Welt." Und plötzlich verstand er.

Es war, als wenn die dicken Mauern seiner dunklen Zelle, die er bis dahin sein Leben nannte, einstürzten und alles

vom reinen Lichte Allahs überflutet würde.

Und eine unendliche Welle der Liebe ergriff ihn, hob ihn von der Erde, und wie ein Adler breitete er seine Flügel aus, glitt am blauen Himmel dahin, und es wurde Abend, Nacht und er, Omar, segelte in immer weiter werdenden Kreisen, flog zwischen der Wüste und den Sternen des Himmels dahin.

Am Ende lag ein tiefes Schweigen auf der Wüste und den Sternen, und Omar ließ sich gleiten in dieses Gefühl, das er nur die Zufriedenheit seines Herzens nennen konnte.

Meister des Chaturanga [*]

Einst lebte im fernen Perserreich ein junger Mann mit dem Namen Bahadir.

Bahadir hatte drei Brüder, von denen jeder auf seine Weise besonders war. So war Ali, der älteste, von großem Körperbau und zeichnete sich durch seine Stärke aus. Djamal, der zweitälteste, war der Schöne, der von jedem beneidet wurde und der überall die Blicke der Menschen auf sich zog. Farin, der drittälteste, war der klügste der Brüder, er beherrschte das Schreiben und Rechnen. Bahadir jedoch war klein, schmächtig und ungeschickt, und hatte nichts Besonderes an sich. Er war nicht stark, weder von besonderer Schönheit, noch konnte er schreiben und rechnen.

Während seinen Brüdern das Glück auf Schritt und Tritt folgte, so schien es um Bahadir einen großen Bogen zu machen und da er als letzter geboren wurde, sollte er so lange kein Glück haben, bis seine Mutter noch einen Sohn gebären würde. Doch leider meinte es das Schicksal nicht gut mit ihm. Denn seine Mutter gebar von nun an nur noch weibliche Nachkommen. So vergingen die Jahre und Bahadir wuchs zu einem jungen Mann heran.

„Ach, wehe mir!", sagte Bahadir eines Tages zu sich selbst. „Hier werde ich nie glücklich. Ich gehe fort, vielleicht kann ich auf dem Weg, der mir bevorsteht, meinem Schicksal entgehen!"

17

So kam es, dass Bahadir eines frühen Morgens seine Sachen packte und sich ungewiss auf eine weite Reise machte. Seine Familie ließ er betrübt, aber auch ein wenig erleichtert zurück, denn Bahadir hatte neue Hoffnung auf ein glückliches Leben geschöpft.

Während Bahadir versuchte seinem traurigen Schicksal zu entkommen, das ihm unmerklich folgte, geschah es, dass er eines Tages eine seltsame Bekanntschaft machte. Bahadir wanderte, müde von der Hitze, einen steinigen, steilen Pfad hinauf, als er hinter einem Gestrüpp plötzlich Hilferufe hörte.

Und weil Bahadir ein guter Mensch war, eilte er sofort zu der Stelle, woher er glaubte, die Rufe gehört zu haben.

Doch er konnte dort niemanden sehen. Bahadir wollte sich wieder auf den Rückweg machen, als er plötzlich erneut Rufe vernahm. Diesmal kamen sie von einem Baum, der einige Schritte entfernt wuchs.

Vorsichtig ging Bahadir auf diesen zu. Auch hier konnte er niemanden finden.

„Da will mir doch jemand einen Streich spielen", sagte Bahadir verärgert und wollte schon wieder umkehren, als er plötzlich erneut eine Stimme hörte.

„So warte doch!", rief jemand neben ihm. Verwirrt blickte er sich um, aber außer dem Baum konnte er niemanden erkennen.

„O Allah, dass muss die Hitze sein", seufzte er.

„Nun sieh dich doch um! Ich stehe hier auf dem Boden und kann mich vor Schmerzen nicht bewegen. So Hilf mir doch, Mensch!", antwortete ihm die Stimme sogleich.

Der junge Mann blickte auf den Boden und da sah er eine lange Silberkette, die bis um den Baum reichte.

„Aber ich kann doch niemandem helfen, wenn ich niemanden sehe!", beschwerte er sich.

„Los, los! Löse die Kette von dem Baum!", erwiderte die Stimme voll Schmerz.

Sofort griff Bahadir nach dem kostbaren Stück und löste vorsichtig den Knoten der Kette. Da geschah es, dass der Baum langsam verwelkte und sich in einen kaspischen Tiger verwandelte. Hatte jemand schon so etwas gesehen? Ein Baum, der ein Tiger ist! Bahadir war so starr vor Schreck, dass er sich nicht rühren konnte und so blieb er stehen und betrachtete das samtige Fell des Tieres. Und als hätte Bahadir nicht schon genug an seinem Verstand gezweifelt, begann der Tiger nun auch noch zu sprechen!

„Ich, der große Dschinn*, bin dir zu Dank verpflichtet. Und da ich heute von besonders gutem Gemüt bin, möchte ich dir zum Dank einen Wunsch erfüllen"

Bahadir begriff, wen er vor sich hatte und warf sich vor Ehrfurcht auf den Boden. „Oh, großer Dschinn, bitte tut mir nichts! Hier habt ihr eure Silberkette wieder. Ich bedauere, dass ich nicht schneller gehandelt habe."

„Schweige, Mensch", sagte der Tiger-Dschinn. „Du hast mir aus einer misslingen Lage geholfen, denn wie du sicher weißt, verbrennt Silber so einem Wesen wie mir die Haut und deshalb behalte die Kette für dich. Doch stelle meine Geduld nicht weiter auf die Probe. Wenn du also einen Wunsch hast, dann äußere ihn jetzt oder nie!"

Der erstaunte Bahadir dachte nach, was er sich wohl von dem Dschinn wünschen könnte. „Oh, großer Dschinn, ich lief von zu Hause weg, um meinem Schicksal zu entgehen. Ich bin so ein Nichtsnutz und ein Taugenichts zugleich! Ungeschickt und untalentiert. Also mache mich doch zu

etwas Besonderem, wie meine Brüder es sind!"

Der Dschinn dachte über die Antwort des Mannes nach. „Ich werde dich leider enttäuschen müssen, denn ich kann dich nicht zu einem anderen Menschen machen. Dennoch möchte ich dich nicht mit leeren Händen verlassen. So nehme wenigstens etwas Besonderes an dich, wenn ich dich schon nicht zu etwas Besonderem machen kann."

Der Dschinn reichte ihm ein rotes Samtsäckchen, bevor er schließlich im Nichts verschwand. Als Bahadir es öffnete, sah er, dass sich darin einige hölzerne, blutrote Figuren befanden, in allerlei verschiedenen Formen. Da Bahadir nichts damit anfangen konnte, steckte er sie enttäuscht in seine Tasche und machte sich wieder betrübt auf den Weg.

Bald erreichte Bahadir eine kleine Stadt und als er dort auf einen Händler traf, fragte er diesen nach der Bedeutung der seltsamen Figuren. Beflissentlich erklärte der Händler ihm, dass es sich dabei um Figuren des beliebten Spiels Chaturanga* handele.

Als er sie Bahadir für einen hohen Preis abkaufen wollte, so zögerte dieser, denn der Dschinn hatte ihm ja gesagt, dass die Figuren etwas Besonderes sind.

„Ich muss dich leider enttäuschen, aber die Figuren sind mir zu wertvoll, um sie zu verkaufen", wehrte Bahadir das Angebot ab.

Der Händler wurde mürrisch. „Aber du wusstest doch bis jetzt noch gar nicht, um was es sich hierbei handelt. Ich bin ein ehrlicher Mann und habe dir den Wert deiner Figuren offenbart. Ein anderer hätte dich schon längst übers Ohr gehauen. So zögere nicht, denn ein besseres Angebot wirst du so schnell nicht mehr bekommen!"

Doch Bahadir ließ sich nicht überreden und der Händler bat ihn beleidigt, seinen Stand zu verlassen.

So machte sich der junge Mann auf die Suche nach einem Lehrer, denn er wollte herausfinden, was das Besondere an den Figuren ist. Alsbald fand er auch einen.

Sein Lehrer brachte ihm schließlich die wichtigsten Regeln des Chaturanga bei und immer, wenn Bahadir mit seinen blutroten Figuren gegen ihn oder andere Schüler antrat, musste er feststellen, dass er gewann und es dauerte nicht lange, bis sich Bahadir der Besonderheit seiner Figuren bewusst wurde. Da er aber Angst hatte, jemand könnte hinter das Geheimnis kommen, brach er den Unterricht ab und setzte seine Reise fort.

Schon bald versuchte er sich an anderen Spielern und auch hier stellte er fest, dass er immer gewann, wenn er mit den blutroten Figuren spielte.

„Ich gewinne jedes Spiel, ohne dass ich mich besonders anstrenge und wenn ich mal nicht mit den Figuren des Dschinn spiele, so spüre ich deutlich, was für ein Anfänger ich bin. Ach, guter Dschinn, diese Figuren sind wahrhaftig etwas Besonderes!", sagte Bahadir eines Tages zu sich selbst. Und schnell erkannte der junge Mann den Nutzen, den er aus der Gabe des Tiger-Dschinn schöpfen konnte.

So reiste Bahadir von Stadt zu Stadt, um gegen die Meister des Chaturanga anzutreten. Da es ein angesehenes Spiel war, gewann auch Bahadir immer mehr an Ansehen.

Durch den Gewinn der Spiele wurde er bald ein reicher Mann, aber weil Bahadir dennoch bescheiden war, gab er nur das Nötigste aus. Jedoch kaufte er sich einen schwarzen Hengst, der ihm seine Last abnahm und ihn den Weg von Stadt zu Stadt erleichterte.

So dauerte es nicht lange, bis sich das Gerücht um den seltsamen Mann, der nie ein Spiel verlor, im ganzen Land verbreitete.

Und schon bald gaben ihm die Leute die Beinamen, wie „Meister des Chaturanga" oder „Der Unbesiegbare".

Auch fingen die Perser an sich seltsame Geschichten über ihn zu erzählen. So solle er mit den Augen eines Dämon spielen und so jeden Zug seines Gegners voraussehen.

Wieder andere behaupteten auch, er würde seine Gegner hypnotisieren, sobald sie ihm in die Augen sahen.

Bald schon füllte Bahadir ganze Säle von Zuschauern, die das „Wunder" selbst miterleben wollten. Und während die Säle immer größer wurden, wuchs auch der Inhalt seiner Börse.

Schon nach wenigen Wochen konnte er sein Vermögen nicht mehr einfach unbewacht mit sich tragen, sodass er sich von seinem Geld einen Knecht leistete.

Doch da der Mann mit dem schwarzen Hengst überall bekannt war, geschah es, dass er eines Nachts ausgeraubt wurde. Das einzige, was Bahadir am nächsten Morgen, als er erwachte, vorfand, war das abgebrannte Lagerfeuer. Die Räuber hatten alles mitgenommen.

Das Geld, seine Kleider, sein Hengst, ja sogar der Knecht war verschwunden. Nur das, was er am Körper trug und das Samtsäckchen, das gut versteckt gewesen war, hatte man ihm gelassen.

Bahadir glaubte sofort, dass müsse seine Strafe sein, denn er hatte mit seinem Spiel die Menschen betrogen. Nicht sein Können war für die Siege verantwortlich, der Grund für seine zahlreichen Siege waren die Figuren des Dschinn, die ihn immer gewinnen ließen, egal wie aussichtslos die Lage zu sein schien. Mit diesem drückenden Wissen zog Bahadir mit seinen Chaturangafiguren zu Fuß weiter.

Zu dieser Zeit herrschte der große Schah Schudschá. Jeder im Land wusste, dass der Schah gerne Chaturanga spielte. Er lebte in einem prächtigen Palast in Schiraz und hatte viele Frauen, viele Söhne und Töchter.

Eine von seinen Töchtern, Rudumna, so erzählte man, sei schön wie der aufgehende Mond.

Der Schah, den man auch „König des Chaturanga" nannte, hatte versprochen, demjenigen Rudumna zu geben, der ihn in diesem Spiel besiegen würde.

So geschah es, dass das Schicksal Bahadir eines Tages vor die Tore der Stadt Schiraz führte. Eine blühende und ruhmreiche Stadt, die besonders durch ihre zahlreichen

und prächtigen Gärten bekannt war. In Schiraz sah er an jeder Straßenecke Menschen, die ihn zu einer Partie Chaturanga aufforderten. Es kostete ihn unheimliche Beherrschung nicht gegen sie anzutreten, doch er hatte sich geschworen, etwas bedachter mit der Gabe des Dschinn umzugehen.

Es dauerte nicht lange, bis auch Bahadir von der Tochter des Schahs hörte. Man pries sie als wahre Schönheit, mit langem, schwarzem Haar und tiefblauen Augen, wie das dunkle Meer.
Je mehr Bahadir von ihr hörte, desto mehr wünschte er sich, sie mit eigenen Augen zu sehen.
Eines Tages erfuhr Bahadir von einem Mann namens Navid, der früher in den Gärten des Palastes gearbeitet hatte. Sofort machte er sich auf die Suche nach ihm, denn sicher würde dieser mehr über Rudumna wissen.
Er fand Navid im Schatten seines Hauses. Wohl wissend, wen er vor sich hatte, forderte Navid ihn lächelnd zu einem Spiel auf. „Nur zu mein Freund, wir spielen ein faires Spiel, bei dem du nichts zu verlieren hast."
„Ich bin nicht hier, um gegen euch zu spielen, alter Navid. Ich hatte mir erhofft, ihr könntet mir verraten, wie ich die Tochter des Schahs treffen kann."
Navid überlegte kurz, bevor er antwortete. „Nun gut, ich werde dir verraten, wo du die Prinzessin treffen kannst. Allerdings wirst du mich zuvor besiegen müssen."
So trat Bahadir letztendlich gegen den alten Navid an. Und weil Bahadir mit den blutroten Figuren des Dschinn spielte, verlor der Greis die Partie und musste Bahadir das Geheimnis verraten.

„Wenn du die Tochter des Schahs sehen willst, so gehe heute Abend vor Sonnenuntergang in den Palastgarten. Dort wirst du sie treffen. Aber sei vorsichtig, denn wenn du entdeckt wirst, könnte dich das deinen Kopf kosten, denn niemand darf sie zu Gesicht bekommen!"

Kurz vor Sonnenuntergang schlich sich Bahadir in den wundersamen Garten. Zum Glück wurde er nicht von den Wachen entdeckt. Bahadir lief kreuz und quer durch den grünen Garten und suchte die Prinzessin. Doch er konnte sie nicht finden.

„Da hat sich der alte Mann einen bösen Spaß erlaubt! So war ich für einen Moment wirklich fest der Überzeugung einmal in meinem Leben Glück zu haben! Was bin ich doch für ein Trottel!", dachte Bahadir verärgert. Er wollte gerade zurück zum eisernen Tor des Gartens gehen, als er plötzlich Musik und ein helles, klares Lachen hörte.

Bahadir ging der Musik nach und fand sich plötzlich einer jungen Frau gegenüber, die wunderschön tanzte, begleitet von der Musik ihrer Sklaven. Als diese sich umdrehte, trafen sich ihre Blicke und beide verliebten sich auf der Stelle ineinander. Verwirrt und weil er Angst hatte, dass ihre Sklaven ihn verraten könnten, floh Bahadir und ließ die Tochter des Schahs in dem Glauben, sie habe einen Geist gesehen.

Von nun an verging keine Minute mehr, in der Bahadir nicht an sie dachte und es quälte ihn, dass sie für ihn so unerreichbar war. „Oh Allah, was soll ich nur tun? Die Frau meiner Träume ist so unerreichbar wie das Glück!", sagte Bahadir, bevor er in einen tiefen Schlaf fiel. Als er am nächsten Morgen durch das Zwitschern der Vögel erwachte, beschloss er ein wenig spazieren zu gehen.

Er traf Navid, der ihn nach seinem Kummer fragte und Bahadir erzählte ihm alles, was er gesehen hatte, wenn auch nicht in allen Einzelheiten. Navid sah ihn fragend an. „Hast du denn noch nie davon gehört, dass derjenige, der den Schah, König des Chaturanga, in diesem Spiel besiegt, zur Belohnung seine Tochter Rudumna erhält?"

Als Bahadir das vernahm, sprang er auf, umarmte Navid voller Freude und eilte zu seiner Herberge, wo er sein Samtsäckchen aufbewahrt hatte.

Und so geschah es, dass sich Bahadir noch am selben Tag zum Palast des Schahs aufmachte und sich auf die Liste der Bewerber eintragen ließ.

Der Tag zog sich dahin, denn er musste feststellen, dass er nicht der einzige war, der um Rudumna warb.

Erst als die Sonne ihre letzten Strahlen auf das Land warf, wurde Bahadir gerufen.

So schritt er langsam durch die prächtigen, marmorierten Gänge des riesigen Palastes und mit jeder Sekunde, der er sich dem Schah näherte, wurde seine Aufregung größer und größer.

Letztendlich brachte ihn ein Diener vor eine steinerne Tür, die bis zur hohen Decke des Palastes reichte, und ehe er sich an ihrer Schönheit satt sehen konnte, wurde das schwere Tor geöffnet und Bahadir trat in den prächtigen Thronsaal des Schahs ein. Überall um ihn herum roch es nach Weihrauch und man hatte, weil es schon Abend war, die Öllampen angezündet.

Mitten in der riesigen Halle war ein Spielfeld aufgebaut, mit ordentlich aufgereihten Chaturanga Figuren. Dahinter saß, auf einem mächtigen Thron, zwischen Kissen und Tüchern, der Schah Schudscha´.

„Sei gegrüßt, Bahadir, Meister des Chaturanga, wie du dich selber nennst!", sagte der Schah mit einer rauen Stimme und deutete ihm an, nach vorne zu treten.

Bahadir warf sich auf den Boden. „Oh Schah-an-Schah, ich bin heute hier erschienen, weil ich ihre schöne Tochter zur Frau nehmen möchte!"

Der Schah lachte laut darüber. „Nun gut, wenn du mich, den eigentlichen und einzigen Meister des Chaturanga, besiegst, werde ich dir meine Tochter Rudumna zur Frau geben und dich als meinen Wesir bestimmen! Solltest du jedoch verlieren, musst du die Stadt verlassen und darfst nie wieder zurückkehren. Wagst du es dennoch wirst du deinen Kopf verlieren. Bist du trotzdem bereit, gegen mich, den mächtigen Schah Schudscha´, anzutreten, koste es, was es wolle?"

Bahadir nickte, er wollte Rudumna zu seiner Frau haben, denn mit ihr, und da war er sich sicher, würde er endlich glücklich werden. Dann deutete ihm der Schah an, auf einem der Kissen Platz zu nehmen, die um das Feld lagen.

Bahadir verbeugte sich abermals. „Bevor wir beginnen, Schah-an-Schah, würdet ihr mir gestatten, mit meinen eigenen Figuren zu spielen?"

Dieser gewährte ihm schließlich diese außergewöhnliche Bitte, nachdem ein Diener die Figuren untersucht hatte und nichts Sonderbares daran entdecken konnte. Bahadir stellte seine Figuren auf das Feld und besiegelte somit das Schicksal des Schahs, das seiner Tochter und das Seinige.

So begann die vielleicht spannendste Partie, die der alte Schah je gespielt hatte und je länger sie spielten, desto mehr Schaulustige kamen und sie erkannten alle Bahadir. „Das ist doch der Meister des Chaturanga!", tuschelten sie untereinander. Viele hatten geglaubt, Bahadir sei tot, denn ein junger Bursche hatte das Gerücht verbreitet, dieser Chaturangameister sei von Räubern überfallen und getötet worden. Andere waren verwundert, dass Bahadir sehen konnte, denn man hatte gemunkelt, der Dämon hätte sich seine, von Bahadir gestohlenen Augen, zurückgeholt.

Bahadir und der Schah spielten bis in die Morgenstunden und bald erkannte der Schah, dass der junge Mann ein starker Gegner war.

Als die Sonne ihre ersten Strahlen durch das hohe Fenster des Thronsaals warf, besiegte Bahadir den Schah mit den Figuren des Dschinn. Und jeder, der das Spiel mitverfolgt hatte, war erstaunt.

„Schah Mat! Schah Mat! Seht, der König des Chaturanga ist geschlagen!" So ging der Ruf durch die Reihen.

Der Schah hielt sein Wort. Erleichtert, endlich einen würdigen Gegner gefunden zu haben, machte er Bhadir zum Wesir und gab ihm seine Tochter Rudumna zur Frau.

Darauf wurde eine große Hochzeit gefeiert, an der ganz Schiraz teilnahm. Bahadir selbst hatte endlich sein Glück gefunden. Und weil dem so war, brauchte er die Figuren nicht mehr und so rief er nach dem Dschinn.

Eines Tages, als Bahadir allein durch seinen Garten ging, erschien vor ihm plötzlich eben dieser kaspische Tiger, den er damals gerettet hatte.

„Wie ich sehe", sagte der Dschinn freundlich, „hast du dein Glück ja doch gefunden, obwohl ich dir nicht einmal deinen Wunsch erfüllt habe."

„Ich muss dir danken, großer Dschinn, und weil ich nun alles habe, was ich brauche, benötige ich deine Figuren nicht mehr. Also bitte ich dich, nehme sie wieder an dich."

So kniete sich Bahadir vor den Tiger und hielt ihm das Samtsäckchen entgegen.

„Du bist ein bescheidener Mann, Bahadir, aber dennoch hast du nicht ganz gerecht gespielt. Mögest du dafür ein gütiger Wesir sein!", antwortete der Dschinn.

Er nahm Bahadir das Samtsäckchen ab und verschwand. Der junge Wesir sah den Dschinn an diesem Tag zum letzten Mal.

Auch wenn Bahadir seither nie wieder Chaturanga spielte, so wurde er doch, Zeit seines Lebens, als einzig wahrer „Meister des Chaturanga" bezeichnet.

Ibrahim und Ali

Es kamen einmal zwei Männer zum Tor, der großen und ruhmreichen Stadt Buchara. Das wunderschöne Tor war über und über mit Ornamenten verziert. Einer der beiden Männer trug einen langen, blauen Mantel, der ihm bis zu den schmutzigen, schwarzen Schnabelschuhen reichte. Auf dem Kopf saß ein blauer, hochgewundener Turban, den ein Halbmond aus dünnem Metall krönte. Der Mann war alt, ein langer, grauer Bart umrahmte sein Gesicht, von dem man nur die matt glänzenden, braunen Augen und die spitze Nase sehen konnte. Sein Begleiter war ein junger Mann von ungefähr zwanzig Jahren. Er trug eine grüne Leinenhose, aus deren Hosenbeinen nackte Füße schauten.

Das Stadttor wurde von zwei kräftigen Männern bewacht. Gekleidet in ledernem Harnisch und Helm, machten sie einen wichtigen Eindruck. Auf dem Harnisch prangte das Wappen des Emirs. Jeder dieser Männer hielt einen bedrohlichen Krummsäbel in der Hand. Sie versperrten den beiden Ankömmlingen den Weg.

„Wer seid ihr und was wollt ihr?", kam es grob von einem der Wächter. „Wir müssen jeden, der das Tor passieren will, kontrollieren. In letzter Zeit hat sich viel Gesindel hier angesammelt. Wir wollen für euch hoffen, dass ihr angesehene Leute seid."

Der Mann in dem blauen Mantel ergriff das Wort. „Ich bin

Ibrahim, der Magier. Mein Gehilfe, den Ihr neben mir seht, hört auf den Namen Ali. Ich bin ebenso Hekim*, ein Heilkundiger und verstehe mich auf Zauberkünste. Auch heile ich durch Handauflegen und Zaubersprüche. Ali geht mir dabei zur Hand und ich lehre ihn die Magie. Wir sind hierher gekommen, um unsere Dienste allen Gläubigen, Allah bewahre sie, dieser Stadt anzubieten."

„So tretet ein", sagte der Wächter. „Leute eures Schlages sind hier immer erwünscht. Es gibt hier genug Kranke, Gebrechliche und Sieche, die eurer Hilfe bedürfen. Doch solltet ihr Scharlatane sein und uns betrügen wollen, so Gnade euch Allah, der Weltenherrscher!"

„Wo denkst du hin?", entgegnete der Magier. „Ich bin kein Scharlatan. Mit Hilfe meines Gesellen kann ich die Kraft meiner Zauberei unter Beweis stellen. Ich kann ihn in ein Tier und wieder zurück verwandeln."

„Dann hoffe ich für deinen Gehilfen, dass du weißt, was du tust und deine Kraft auch ausreicht, um ihn wieder in einen Menschen zu verwandeln." Der Wächter lachte und ließ die Beiden durch das Tor.

Der Magier und sein Gehilfe steuerten die erste Herberge an, die ihnen ins Auge fiel, und traten durch die Tür. Im Raum herrschte ein schummriges Licht. Links und rechts von ihnen waren mehrere Diwane und Kissen zum Sitzen zu erkennen.

Der Raum war vollkommen leer, bis auf den Wirt. Der trat hervor, um die beiden Ankömmlinge besser sehen zu können. „Was wollt ihr? Meine Garküche ist noch geschlossen."

„Wir brauchen ein Nachtlager, uns würde ein einfaches Zimmer genügen."

„Ein Zimmer kostet für eine Übernachtung zwei Tanga*. Zahlt im Voraus und ihr könnt nach oben gehen. Das erste Zimmer auf der rechten Seite."

Der Zauberer griff unter seinen Mantel und holte einige Geldstücke heraus. Der Wirt schnappte sich zwei Tanga, biss hinein und steckte sie, mit einem breiten Lächeln, in einen Lederbeutel, den er am Gürtel trug.

Die beiden Wanderer gingen die steile Treppe, die sich rechts vom Eingang befand, hinauf und verschwanden in ihrem Zimmer.

Am nächsten Tag, um die Mittagszeit, befanden sich der Zauberer und sein Gehilfe auf dem Basar. Um sie herum eine Menge Leute: Landleute, Bürger der Stadt und viele verschleierte Frauen mit Kindern.

Am Rande hielten sich auch einige Stadtsoldaten auf. Ihre eisernen Helme schimmerten hell im Tageslicht. Sie waren vom Wesir geschickt, um etwaigen Unruhen vorzubeugen. Man hatte hier schon oft üble Erfahrungen mit Fremden machen müssen. Gleich, als der Wesir von der Ankunft der Fremden hörte, hatte er sie mit dem Auftrag, diese genau im Auge zu behalten, geschickt.

Es hatte sich im Ort schnell herumgesprochen, dass zwei Heilkundige in der Stadt waren. Neugierde war der Grund, der die meisten der Bewohner hierher geführt hatte, doch unter den Zuschauern befanden sich auch einige Alte und Sieche, die sich Hilfe von dem Heilkundigen versprachen.

Ibrahim und sein Gehilfe standen vor einem Brunnen und wechselten kein Wort. Sie schauten nur stumm auf die Menge.

Erst als ihm genug Anwohner da zu sein schienen, begann Ibrahim zu sprechen. „Ihr Gläubigen! Ich freue mich, dass

so viele von euch erschienen sind. Ich habe die Heilkunst studiert und bin mit meinem Gehilfen an diesen Ort gekommen um dem, der Heilung nötig hat, Linderung zu bringen. Ich heile mit alten, seit Urzeiten überlieferten, Zaubersprüchen, die schon nach kurzer Zeit vollständige Heilung bringen. Für ein angemessenes Entgelt, werde ich jede Krankheit heilen. Um euch aber die Kraft meiner Zauberkräfte zu beweisen, werde ich meinen Gehilfen in ein Tier und, aus dieser Tiergestalt heraus, wieder in einen Menschen verwandeln. Dies sollte Beweis genug für meine Heilkräfte sein."

Von der Menge hörte man erstauntes Murmeln. Ein Mann in einem braunen Kaftan erhob seine Stimme. „Du kannst deinen Gehilfen in ein Tier verwandeln? In welches?"

„Ich kann meinen Gehilfen in jedes Tier verwandeln. Sag nur welches und ich werde es tun."

„Wie wäre es mit einem Affen? Ein kleines Äffchen?"

Eine junge Frau trat vor. Sie war mittelgroß, schlank und trug ein langes, hellblaues Gewand. Ein dünner Schleier verdeckte ihr Gesicht. Sie schien von edlerer Geburt wie die Umstehenden. Der Zauberer bemerkte dies sehr wohl.

„Verzeih, dass ich das Wort ergreife. Ich bin die Tochter des Wesirs. Ist es nicht gefährlich einen Menschen zu verwandeln?"

„Sicherlich ist es nicht ungefährlich. Doch bisher ist noch nichts passiert", entgegnete der Zauberer. „Soll ich es der hochwohlgeborenen Tochter des Wesirs beweisen?"

„Ja! Fang endlich an", riefen die meisten der Zuschauer.

„Verwandel ihn in einen Affen! In ein kleines Äffchen, ja!"

„So will ich beginnen", sprach Ibrahim. „Ali, komm. Lass dich verwandeln."

Der Gehilfe trat vor den Zauberer, kniete vor ihm nieder und senkte den Kopf. Der Zauberer streckte beide Arme aus, hielt die Hände über den Kopf seines Gehilfen und murmelte dabei in unverständlichen Worten einen Zauberspruch. Die Gestalt des Gehilfen schrumpfte. Er wurde immer kleiner.

Nebel stieg vom Boden um ihn herum auf und hüllte die Gestalt immer dichter ein. Man konnte nichts mehr von ihm erkennen. Das anfängliche Gemurmel der Zuschauer verstummte. Da begann sich der Nebel wieder zu lichten. Und dort, wo der Gehilfe zuvor gekniet hatte, hockte ein Kapuzineräffchen. Es klaubte sich einen Floh aus seinem braunen, seidigen Fell. Das Zauberkunststück war also geglückt.

Die Menge applaudierte. Ibrahim verbeugte sich und richtete sich danach stolz auf.

„Ihr seht", sagte er, „der Zauberspruch hat gewirkt. Als weiteren Beweis könnt ihr den Affen, beziehungsweise meinen Gehilfen Ali, etwas fragen. Er wird euch sogleich antworten."

Die Zuschauer riefen Fragen. Lachen und Rufen erklang. Es war ein heilloses Durcheinander. Ibrahim ließ seine Stimme laut ertönen, forderte Ruhe und bat die Tochter des Wesirs eine Frage an Ali, das Äffchen, zu stellen. Sie trat an den Affen heran, bückte sich zu ihm herunter und kraulte ihm das kleine Köpfchen. „Wie geht es dir Ali?"

„Mir geht es ganz gut", antwortete das Äffchen mit einem hohen Stimmchen. „Mir ist nicht kalt. Es ist nur etwas ungewohnt." Die Leute lachten. „So mag dich dein Chodih*, dein Herr, wieder zurück verwandeln. Wir haben gesehen, zu was er imstande ist."

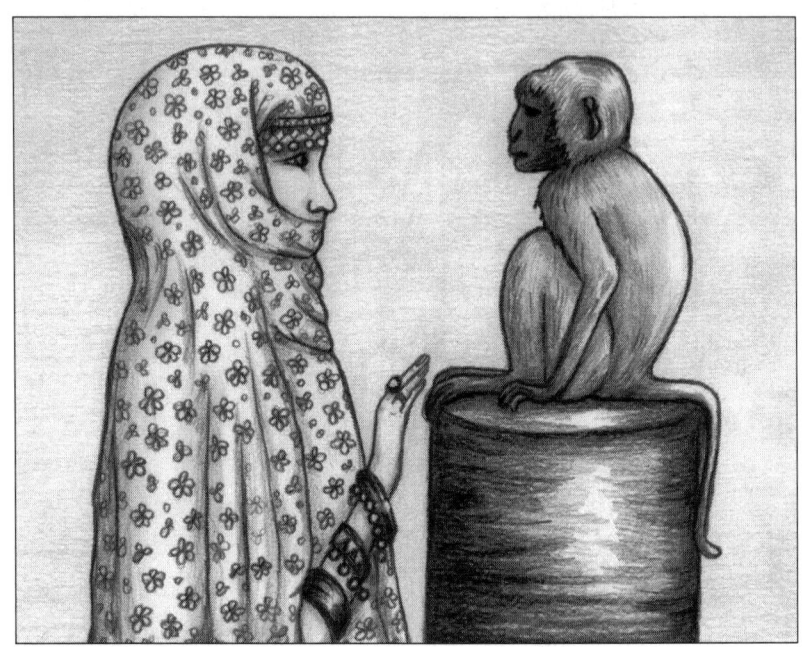

„Das will ich gleich tun", ließ sich Ibrahim vernehmen.
„Mein Gehilfe soll ja nicht länger, als unbedingt nötig, in
dieser Daseinsform verweilen."

Er streckte wieder beide Arme aus, hielt die Hände über
den Affen, murmelte etwas Unverständliches und wieder
stieg Nebel auf und vom Kapuzineräffchen Ali war nichts
mehr zu sehen.

Dann verzog sich der Nebel und... der Affe hockte immer
noch da! Ibrahim schaute verdutzt in die Runde. „Das ist
mir noch nie passiert. Bisher gelang die Umwandlung sofort. Ich werde es nochmal versuchen."

Die Zauberei begann von vorne, doch wieder ohne Erfolg.
Auch die folgenden Versuche misslangen. Ali bat seinen
Herrn verzweifelt um weitere Versuche, doch der gab auf.

„Du wusstest, Ali, dass dies eines Tages passieren könnte. Ich habe dir immer gesagt, dass eines Tages meine Kräfte erlahmen würden und ich dann die Zauberei aufgeben müsste. Dass dies unglücklicherweise genau in so einem Moment passieren würde, konnte niemand wissen. Es tut mir sehr leid für dich. Oh, ich spüre es am ganzen Körper, dass mich meine Zauberkraft verlassen hat. Es ist vorbei. Lass uns gehen." Er nahm das greinende Äffchen auf seine Arme und ging mit ihm dem Gasthaus zu.

Am gleichen Abend klopfte es an der Zimmertüre des Zauberers und als er öffnete, stand ein sehr beleibter, gut gekleideter Mann vor ihm.

„Ich bin Hassan Mamur, der Wesir. Ich habe mit dir zu reden", sagte der Mann.

„So tretet ein", sprach Ibrahim, verbeugte sich tief und öffnete die Tür ganz, um den Wesir eintreten zu lassen. In der hinteren Ecke kauerte auf einem grob gezimmertem Diwan Ali und schaute mit traurigen Augen dem Wesir entgegen. Der Wesir nahm auf einem der Kissen, die in der Mitte des Raumes lagen, Platz.

„Ich habe mit euch beiden zu reden. Ich habe über meine Tochter von eurem Missgeschick gehört. Es tut mir für dich und deinen Gehilfen Leid, dass es so gekommen ist. Doch muss man versuchen das Beste daraus zu machen. Ich wollte euch ein Geschäft vorschlagen. Ein sprechender Kapuzineraffe ist eine Kuriosität, eine Attraktion. Ich möchte dem Emir, dem Gebieter der Rechtgläubigen, Ali zum Geschenk machen. Dein Gehilfe würde mit allem versorgt sein, was er zum Leben benötigt. Er hätte so ein sorgenfreies Leben. Es wäre das Beste, was ihm in seiner Lage passieren könnte. Was meinst du selbst dazu, Ali?"

Ali sprang behände von seinem Bett auf den Wesir zu.

„Oh, die Situation ist für mich noch zu neu, um irgendeine Entscheidung zu treffen. Ich muss euren Vorschlag erst überschlafen. Morgen werde ich euch meine Entscheidung mitteilen. Mein Meister kann hier nicht mitentscheiden. Dies ist jetzt allein meine Sache." Der Zauberer setzte an, um etwas zu sagen, doch hielt er sich zurück und schwieg.

„So soll es sein, mein lieber Ali", sagte der Wesir. „Ich komme morgen vorbei um deine Entscheidung einzuholen. Ich hoffe du triffst eine Wahl, die zu deinem Wohle ist." Der Wesir verabschiedete sich und ließ Zauberer und Gehilfe allein zurück.

Gegen Mittag am nächsten Tag erschien der Wesir wieder in der Herberge, um die Entscheidung von Ali anzuhören. Er wurde gleich eingelassen, nahm Platz, Ali setzte sich vor ihn und sah zu ihm auf.

„Mein Meister und ich haben lange überlegt, was für uns das Beste sei. Er hat auch noch einige Male versucht, mich wieder in einen Menschen zu verwandeln. Doch ist ihm dies nicht gelungen. Wir sind übereingekommen, euer Angebot anzunehmen. Eine Bedingung haben wir jedoch. Ich werde versorgt sein, brauche mir über meine Zukunft den Kopf nicht zu zerbrechen. Mein Chodih jedoch, der seine Zauberkraft eingebüßt hat, wird unversorgt bleiben. Würde er mit mir zusammenbleiben, so könnte er seinen Unterhalt damit verdienen, mich zur Schau zu stellen. Wir würden zwar weniger Lohn bekommen, wie wir mit seiner Zauberei erhalten würden, aber wir könnten überleben. Ich möchte mir dennoch um meine Zukunft keine Sorgen machen müssen, deshalb ist unser Angebot: Gebt meinem

Meister zehn Goldstücke für mich und ich werde mit euch zum Emir gehen, um ihm zu dienen."

Zehn Goldstücke, das wusste der Wesir, waren für den Zauberer ein Vermögen. Er wollte sich zwar die Gunst seines Emirs erkaufen, aber nicht für diesen Preis.

„Ich gebe euch fünf Goldstücke. Mehr gebe ich nicht. Ihr müsst damit zufrieden sein."

Der Zauberer machte einen enttäuschten Eindruck, doch fasste er sich rasch. „So soll es sein. Wann bringt ihr uns das Gold?"

„Ich gehe los und hole es. Und bringe dann auch gleich eine Leine für den Affen mit."

Ali mischte sich ein. „Eine Leine? Wofür?"

„Für dich", entgegnete der Wesir. „Du bist ein Tier. Du könntest weglaufen. Oder jemand könnte dich stehlen wollen." Ali erwiderte nichts.

Nach kurzer Zeit war der Wesir zurück und übergab dem Zauberer die Goldstücke und nahm Ali gleich an die Leine. Ali und sein Meister verabschiedeten sich unter Tränen und Verzeihungsbitten des Zauberers. Der Wesir wurde ungeduldig und zog an der Leine. Nachdem das Geschäft erledigt war, schien seine Liebenswürdigkeit beendet zu sein. „Nun los! Ich habe es eilig. Du wirst nur eine Nacht unter meinem Dach verbringen. Ich werde dich morgen dem Emir schenken. Er wird sich über dich freuen. Doch ich möchte mit einer Kreatur, wie du eine bist, nichts zu tun haben."

Der Wesir brachte Ali in einem Schuppen hinter seinem prunkvollen Wohnhaus unter. Er legte Ali an eine Kette und stellte Ali noch eine Schale Wasser hin, dann verschwand er im Wohnhaus.

Stunden später, es war bereits dunkle Nacht, sah man eine vermummte Gestalt, die über die Einzäunung des Hauses des Wesirs kletterte, hinter dem Haus verschwand und die Tür des Schuppens öffnete. Ali war nicht überrascht, diese Gestalt hatte er schon erwartet.

Ohne ein Wort wartete er geduldig, bis die Gestalt ihn von der Kette befreit hatte.

Erst als beide eine Strecke Wegs zurückgelegt hatten, wandte er sich an den Zauberer, denn der war es, der Ali befreit hatte.

„Das hat ja wieder gut geklappt. Erstaunlich, dass die Menschen immer wieder auf diesen Trick hereinfallen und sich immer ein Dummer findet, der das sprechende Tier kaufen will. Die Leute wären sicherlich vorsichtiger, wenn sie wüssten, dass die Verwandlung von Menschen in Tiere dein einziges Zauberkunststück ist. Doch nun gib mir meine Menschengestalt wieder."

Ibrahim, der Zauberer, murmelte seinen Zauberspruch und Ali stand gleich in seiner ursprünglichen Form vor ihm. „Nun wollen wir uns aber sputen", sagte Ibrahim. „Wir sollten so schnell wie möglich Buchara verlassen. Auch der Wesir wird uns, wie alle anderen vorher, seine Wachen auf die Fersen hetzen. Bisher sind wir ja immer entkommen. Wollen wir hoffen, dass uns auch dieses Mal Allah, der Allerbarmer, zur Seite steht. Doch du weißt, dass jetzt die nächste Verwandlung nötig ist. Bereit?!"

„Ungern", erwiderte Ali mit missmutigem Blick. „Doch weiß ich, dass es sein muss."

Der Zauberer streckte beide Arme aus, hielt seine Hände über Alis Kopf und murmelte wieder einen Zauberspruch. Dichter Nebel stieg auf, umhüllte den Gehilfen völlig und

nachdem er sich verzogen hatte, stand ein prachtvolles Reitkamel vor dem Zauberer. Ibrahim zog ein Halfter und eine kleine Decke aus seiner Umhängetasche und band Ali, dem Kamel, das Halfter um. Dann legte er ihm die Decke um und schwang sich hinauf.

Früh am Morgen sangen wieder von allen Minaretten* die Muezzins*, das Stadttor wurde geöffnet. Das Kamel und sein Reiter verschwanden aus Buchara. Man sah und hörte nie wieder von ihnen...

Auf der Suche

Als der alte Sultan von Delhi das Zeitliche gesegnet hatte, folgte ihm sein einziger Sohn auf den Thron.

Es war ein kluger, wohlgestalteter Jüngling, dem das gute Leben prächtig anschlug. Er lag in den Pfühlen, ließ sich Wind zufächeln und aß Halva*, Krokant und Lukkum*. Er sah den Sklavinnen beim Tanz zu und ergötzte sich am süßen Gesang der Honigvögel.

Doch bei all diesem Wohlleben wurde er fett und träge an Leib und Seele. Noch nicht einmal sein Lieblingssklave vermochte ihm eine Regung zu entlocken.

Immer matter und apathischer lag er in seinen seidenen Kissen. Sein Arzt schüttelte den Kopf.

„Oh, König unserer Zeit, wenn das so weitergeht, werden dich die Seelen deiner Vorväter bald bei sich begrüßen dürfen. Ändere dein Leben, bewege deinen Körper und verschaffe deiner Seele Nahrung, sonst erblickst du das Ende dieses segensreichen Jahres nicht mehr."

Da erhob sich der junge Sultan, machte zwei, drei Schritte und fiel kraftlos zurück. Man brachte eine Sänfte, setzte ihn hinein, und er ließ sich zum Gestade des süßen Sees bringen, über den hinweg man in die Gefilde der Seligen zu schauen vermochte.

„Soll ich denn wirklich, oh, heiliger Salomo, so jung schon in den Garten des Himmels eingehen?", fragte er kraftlos.

Es steckte in ihm aber die Trägheit des Geistes und ließ ihn schwanken, als hätte er zu viel des goldenen Weines genossen. Es gelang ihm einfach nicht, sich aufzuraffen und seinen Körper zu bewegen.

Eine der schönen Huris* im Paradesgarten erbarmte sich seiner. Sie betrachtete ihn durch einen Tautropfen und beschloss, ihm zu helfen. Sie zeigte sich ihm, auf einer Wolke, in all ihrer Pracht und Schönheit, dass er davon noch benommener wurde. „Komm zu mir, ich brauche dich!", seufzte er. Aber die Schöne schüttelte ihr Haupt. „Ich will dir gehören. Aber ich kann nicht zu dir kommen. Du musst dich auf den Weg zu mir machen."

„Wo bist du?", klagte der junge Sultan. „Ich sehe dich wohl, aber du scheinst unendlich weit von mir entfernt zu sein. Wie soll ich je zu dir gelangen?"

Da lächelte die Huri so holdselig, dass ein Strahl dieses Lächelns in sein Herz fiel und es versengte. Und da, wo die Trägheit ausgemerzt war, entstand Liebe.

„König der Zeit", hauchte die Huri. „Siehst du am Horizont die Türme der Stadt? Dort werde ich auf dich warten. Mach dich auf den Weg, denn – ich sehne mich nach dir!"

Er blickte auf und erkannte am Himmel, wo Licht und Wasser zusammen stießen, Minarette und runde Kuppeln. Ganz nah erschien ihm die Stadt, so nah, dass er sie gewiss in Kürze erreicht haben würde. Es lag wohl nur der See dazwischen. Eilig ließ er ein Boot kommen und stieg schwerfällig hinein, damit ein paar Sklaven ihn hinüber rudern konnten.

Doch kaum hatten sie die Mitte des Wassers erreicht, als sich ein gewaltiger Sturm erhob, der das Schifflein tanzen ließ, als sei es eine Nussschale in einer Badewanne.

Seine Sklaven gingen über Bord, nur der Sultan vermochte sich zu halten, den Blick fest auf die Silhouette der Stadt gerichtet, in welcher ihn die Schöne erwartete, nach der es ihn verlangte. Er ergriff eines der Ruder und legte sich selber in die Riemen. Leicht war es nicht, aber es gelang ihm das Ufer zu erreichen.

Doch nur Sand war da, eine ungeheure Wüste, und wie er um sich schaute, erblickte er in einiger Entfernung die Stadt mit den Türmen, in der seine Geliebte auf ihn wartete, wie sie ihm versprochen.

Er ruhte nur kurz, weil es ihn drängte, sein Ziel schnell zu erreichen. Zimbelschlagende Tänzerinnen kreuzten seinen Weg und suchten, ihn in ihren Kreis zu ziehen. Aber der Sultan, der früher stets der Selbsttäuschung erlegen war, entzog sich ihnen.

„Ich habe keine Zeit!", rief er. „Ein wichtiges Ziel erwartet mich!"

Und er eilte, denn gleich würde er wohl die Stadt seiner Sehnsucht erreicht haben und die Holde ans Herz nehmen können. Aber als er sich ganz dicht davor wähnte, türmte sich plötzlich ein riesiger Berg vor ihm auf.

„Nein!", seufzte er, niedersinkend. „Nein, das schaffe ich niemals. Das ist zu viel!"

„Zu viel – für mich, Liebster?", fragte da eine Stimme in seinem Herzen, und es war die Stimme seiner Huri, nach der er sich verzehrte. Erhitzt sprang er auf und begann zu steigen, zu klettern, zu kriechen, bis es ihm gelungen war, den Berg zu überwinden. „Gleich", jubelte er lauthals, „gleich, Geliebte, bin ich bei dir!"

„Ich warte!", sang die Stimme in seinem Herz. „Ich warte so sehr auf dich!"

Doch abermals entrückte ihm die Nacht das Ziel seiner Sehnsucht, und am folgenden Morgen sah er, dass die Stadt seines Traumes immer noch sehr weit entfernt war.

Ja, er meinte, er habe sich ihr um kein Jota genähert, seit er aufgebrochen war. Schon wollte er endgültig aufgeben, als ihm das Bild der schönen Huri einfiel, wie es sich ihm ins Herz gebrannt hatte.

Neue Kraft belebte seinen schwächlichen, von Orgien und Wohlleben ermatteten Körper. „Ich schaffe es!", sagte er zu sich selber. „Ich muss nur wollen, dann gelingt es ganz gewiss." So wanderte er und wanderte immer weiter. Er stieg über Berge und schwamm durch Flüsse. Er hungerte und darbte, er bettelte und arbeitete. Längst waren seine Kleider zerschlissen, und einmal schenkte ihm jemand einen alten, derben Mantel, wie ihn seine Haut, als diese

noch weich gewesen war, kaum vertragen hätte. Jetzt aber war er froh und zufrieden, etwas zu besitzen, das ihn schützte vor Kälte und Regen. Trocken Brot mundete ihm nunmehr, und wenn er auf Streitende traf, trennte er sie, denn seine Arme waren muskulös und zudem kraftvoll geworden. Wegelagerer und anderes lichtscheues Gesindel fürchtete er längst nicht mehr, weil seine Glieder sich durch die Entbehrungen und Strapazen gekräftigt hatten. Er war stärker als alle anderen, die ihm begegneten, und obwohl er in Lumpen ging, strömte er eine hoheitsvolle Aura aus, dass sich jeder vor ihm neigte.

Nur das Ziel seiner Sehnsucht hatte er noch immer nicht erreicht. Mal schien es schon zum Greifen nah; schon meinte er, die Hörner der Torwächter zu vernehmen, die der Huri seine Ankunft verkündeten – ein anderes Mal war die Stadt einfach in den Wolken verschwunden, und er seufzte: „Nie erreiche ich sie!" Trotzdem ging er weiter, und nichts vermochte ihn aufzuhalten. Die Liebe stärkte ihn, und die Sehnsucht zog ihn vorwärts.

Immer wieder aber erschien die Huri flüsternd in seinen Träumen. „Wann kommst du nur? Ich verzehre mich nach dir, mein Liebster!"

Dann hoffte der Sultan, sein Ziel zu erreichen, sie in den Armen zu halten, den Kopf in ihrem Schoß zu bergen und endlich ausruhen zu dürfen, Ruhe und Frieden zu finden, nach allen Strapazen, die er ihretwegen erduldete.

Und eines Tages war es wirklich soweit. Er sah goldene Minarette und Kuppeltürme vor sich und hörte die Signale der Wächter am Tor. Doch was ihn begrüßte waren keine Freudenklänge sondern Hilferufe.

Denn Räuberscharen waren in die Stadt eingedrungen, alles brandschatzend und vernichtend.

Dem jungen Sultan klopfte das Herz vor Glück und vor Verlangen, sofort zu helfen. „Wartet", rief er, „ich vertreibe die Räuber!"

Einem der verdutzten Wächter entriss er das Schwert und begann auf die Räuber einzudreschen, bis auch der Letzte getötet oder geflohen war.

Die Großwesire der Stadt näherten sich mit dem goldenen Schlüssel auf samtenem Kissen und verneigten sich tief vor ihm. „Sei du unser Sultan, denn seit unser Gebieter uns verlassen hat, gibt es niemand mehr, der uns regiert und sagt, was gut oder schlecht ist."

Da sah er auf und erkannte seine Kämmerer und Wesire. Er erkannte die Stadt, die seine eigene war und die er so lange allein gelassen hatte. Es ging ihm auf, dass er einmal rund um den Erdball gewandert war, dass er Abend und Morgen durchkreuzt hatte, dass er Länder, Meere und Berge überwunden hatte, um dahin zurückzukommen – wo sein Ziel war. Hier hatte er begonnen, hier endete seine Reise. Er hatte die Heimat gefunden, die so geblieben war, wie er sie in der Erinnerung hatte.

Nur er selber hatte sich gewandelt. Er war voller Kraft und Stärke, bar jeglichen Übergewichts und jeder Trägheit.

Wie er noch versuchte, sich hindurch zu finden, vernahm er wieder die Stimme in seinem Herzen, die ihn geführt hatte, immerzu, auch hierher.

„Meine Liebe geleitete dich und half dir zurück. Jetzt bist du gesund, und ich kann dich verlassen. Du brauchst mich nicht mehr."

„Doch!", schrie der Sultan und streckte seine Hände dem Himmel entgegen. „Ich brauche dich, brauche dich jetzt mehr denn je. Wo bist du? Wo bist du nur? Zeige dich mir."

Und während er den Blick suchend hin und her wandte, fiel er auf die Tochter eines seiner Würdenträger. Sie war schön wie die Sonne und sanft wie der Mond.

Da opferte sich die Huri bis zum Letzten, denn sie liebte den Sultan mehr als sich selber. Sie ließ ihm die Gnade des Vergessens zuteilwerden.

Und es entschwand ihm, dass er, um seiner Sehnsucht Willen, einmal um den Erdball gewandert war. Er meinte, dieses Mädchen allein müsse das Ziel seiner Zuneigung gewesen sein, und er wollte sie zu seiner Sultanin machen. So nahm er sie an die Hand und schritt mit ihr zum Palast. Kräftig, gesund, jung und voller Begeisterung, ein wahrlich vollendeter Herrscher all dessen, was um ihn herum war.

Wie es der Huri erging, die mit ihrer Liebe allein zurück blieb? Frag nicht! Woher soll ich es wissen? So wenig, wie du ein Sultan bist, so wenig bin ich jene Huri.

Die Dschinniya

Es lebte einmal vor undenklichen Zeiten ein Mann, er hieß Jussuf ibn Halef. Eines Tages ging er zum Basar und brach fast zusammen unter dem Gewicht des Dattelsacks. Schwankend und schnaufend schleppte er die Last durch schmale Seitenstraßen, vorbei an schlafenden Bettlern und angebundenen Kamelen.

Hinter kunstvoll geschnitzten Fensterläden bereiteten die Frauen das Abendessen zu. Es duftete nach Lammfleisch und edlen Gewürzen. Ach, hätte er doch auch ein Haus und eine Frau, dann müsste er nicht mehr in der kleinen Kammer neben dem Ziegenstall schlafen, dachte Jussuf.

Er bog von der Straße der Gewürzhändler in eine dunkle Gasse ab, als er plötzlich über etwas stolperte und lang hinschlug.

Fluchend drehte er sich auf den Rücken und sah in das Gesicht eines Kamels. Das Tier gab ein kehliges Brummen von sich, dann sah es sich um, als wollte es sichergehen, dass sie allein waren.

Jussuf schüttelte die Faust. „Hast du mir ein Bein gestellt, du vierbeiniger Sohn des Scheitans*?"

„Nicht so laut", raunte das Kamel. „Sonst findet sie mich noch." Es gab ihm mit dem Kopf ein Zeichen, näher zu kommen. Jussuf war vom Basar einiges gewohnt, besonders von den Leuten aus der Nachbarstadt Samarra, diese, wie jeder wusste, rücksichtslose Eseltreiber hervor brachte

und auch die Teehäuser mit schönen Schleiertänzerinnen versorgten, aber ein sprechendes Kamel war selbst für ihn etwas Neues. Er rappelte sich auf. „Was bist du?"

„Ein Mensch wie du", antwortete das Kamel. „Ich heiße Ahmad ibn Ibrahim, und ich verstecke mich vor meiner Frau Fatima. Diese Mutter der Lügen hat vor der Hochzeit immer behauptet, sie stamme aus Damaskus und sei die Tochter eines ehrlichen Schneiders, dabei ist sie eine Dschinniya* aus dem Reich der Geister. Gestern Abend hatten wir unseren ersten Ehestreit, und auf einmal läuft sie blau an, verwandelt mich in ein Kamel und jagt mich aus dem Haus."

„Was hast du daraufhin getan?", wollte Jussuf wissen.

„Ich bin gelaufen, so schnell mich meine vier Beine trugen. Aber sie hat mich auf dem ganzen Weg von Samarra bis hierher verfolgt." Alles klar! Samarra!

Das Kamel sah ihn verzweifelt an. „Fatima ist jetzt auf dem Basar und fragt überall nach mir. Sie behauptet, sich versöhnen zu wollen. Das will ich auch, aber ich wage nicht, ihr entgegen zu treten. Es ist vielleicht ein gemeiner Trick, um mich verschwinden zu lassen. Freund, ich bin ein einfacher Händler, habe aber mit Allahs Hilfe ein nettes, kleines Vermögen erworben. Davon soll die Hälfte dir gehören, wenn du zwischen uns vermittelst."

Jussuf fiel dem Kamel vor Freude um den Hals. „Kamel... ich meine Ahmad, fürchte nichts mehr. Ich werde für dich tun, was in meiner Macht steht."

Er ließ den Sack bei Ahmad und suchte auf dem Basar nach der Dschinniya. Bald fiel ihm eine junge Frau auf, die zwischen den Obstständen umherirrte, drei Feigen auf ihrer Handfläche vor sich her trug und rief: „Oh Ahmad,

komm zeig dich. Es tut mir leid, lass uns reden."

Ihre Reue schien ehrlich zu sein, und sie sah nicht halb so schrecklich aus, wie er erwartet hatte. Sie war schön. Jussuf fasste Mut und näherte sich ihr. „Mein Name ist Jussuf ibn Halef. Bist du Fatima, Ahmads Frau?"

„Die bin ich", antwortete Fatima. „Hast du meinen Ahmad gesehen?"

„Willst du dich ehrlich mit ihm versöhnen?"

„Bitte, ich werde dir jeden Wunsch erfüllen, wenn du mich zu ihm führst. Jeden Wunsch."

Jussuf ging in Gedanken alle seine Wünsche durch: Schleiertänzerinnen zogen vor seinem inneren Auge an ihm vorbei. Sie trugen gebratenes Fleisch auf goldenen Platten und tanzten auf kostbaren Teppichen durch einen lichtdurchfluteten Garten, in dem Brunnen sprudelten ... Jussuf

streckte die Hand nach einer dampfenden und wohlriechenden Hammelkeule aus. „Hilf mir", drängte Fatima.

Jussuf schreckte aus dem Tagtraum auf und wischte sich mit dem Ärmel des Kaftans über den Mund. „Ich will dir gern helfen, Frau. Es ist nur so, dass sich Ahmad Sorgen macht, du könntest ihm nach dem Leben trachten. Ich fürchte, die Verwandlung hat ihn sehr eingeschüchtert."

„Oh, ich Unglückliche, im Streit hat mich das heiße Blut der Dschinn* übermannt. Aber glaube mir, ich würde ihn niemals verletzen. Gib ihm diese drei Feigen, er muss sie essen, um seine menschliche Form zurückzubekommen. Bitte sag ihm, dass ich ihn liebe und hier bin, um alles gutzumachen." Jussuf kannte sich mit Lügnern aus, und in Fatimas Rede entdeckte er keine Falschheit.

„Ich glaube dir", sagte Jussuf und nahm die Feigen. „Als Zeichen deines guten Willens und zur Belohnung für meine Dienste erbitte ich nur zwei Dinge: einen Kaftan aus Seide, wie ihn die reichen Kaufleute tragen, und einen Beutel voller Dinare."

Die Dschinniya verneigte sich tief vor ihm und im gleichen Augenblick trug Jussuf ein fürstliches Gewand, und der Beutel an seinem Gürteltuch war so schwer, dass Jussuf Schlagseite bekam.

„Ich fürchte, ich habe übertrieben", sagte Fatima.

„Nein, nein!" Jussuf richtete sich wieder auf. „Der Beutel ist übervoll mit Gold, so wie du übervoll bist mit Liebe für deinen Ahmad. Ich eile und gebe ihm die Feigen."

Er lief über den Basar, Allah dankend für seinen Reichtum. Ahmad hatte sich indessen über die Datteln hergemacht. Süßes Dattelmus klebte an seiner Schnauze und an seinem Kamelgebiss.

„Sag, was hast du erfahren?", fragte er. „Ist sie mir gut? Ich wünschte, alles könnte wieder wie früher sein."

Jussuf drehte die Feigen in der Hand, und auf einmal kam ihm sein Lohn gering vor. Er hätte sich genauso gut zwei Beutel mit Gold wünschen können, oder vielleicht sogar einen ganzen Dattelsack mit Dinaren! Aus der Dschinniya ließ sich sicher noch ein Wunsch heraus kitzeln, wenn er die beiden gegeneinander ausspielte.

„Unverständlich und wankelmütig sind die Frauen. Fatima gab mir dieses Gewand und den Beutel als Lohn, damit ich dich zu ihr bringe. Sie tat sehr freundlich, doch ich zweifle an ihren Absichten. Es täte mir in der Seele weh, einen guten Mann wie dich in sein Verderben zu schicken."

„Was rätst du mir?", fragte Ahmad.

„Lass mich noch einmal mit Fatima reden und sie auf die Probe stellen. Besteht sie diese Probe, kannst du sie in die Arme schließen."

Das Kamel drückte Jussuf klebrige Küsse auf Stirn und Wangen. „Bruder, ich werde deine Hilfe nicht vergessen."

Jussuf eilte zu einem Kamelhändler, kaufte ein Tier und gab ihm eine der Feigen zu fressen. Mit Vergnügen sah er, wie es sich in einen hübschen jungen Mann verwandelte.

Er kleidete den falschen Ahmad, kämmte sein Haar und gab ihm starken Wein zu trinken. Dann führte er ihn an die Stelle, wo Fatima wartete.

Als die Dschinniya ihren vermeintlichen Liebsten sah, wollte sie gleich zu ihm eilen und sich auf die Knie werfen. Jussuf hielt sie zurück. Dem betrunkenen Jüngling war das alles verdächtig, er riss sich los und verschwand in der nächsten Gasse. Darauf hatte er gehofft. „Dein Mann ist noch sehr aufgewühlt. Lass ihm Zeit."

„Vergib mir!", rief Fatima ihm nach. Natürlich bekam sie keine Antwort. Enttäuscht ließ sie den Kopf sinken.

„Ich werde geduldig sein und alles tun, was du verlangst."

„Das ist der richtige Weg", sagte Jussuf aufmunternd.

„Bitte zaubere mir einen Dattelsack voller Dinare herbei und einen Karren, damit ich ihn wegschaffen kann!"

„Natürlich", sagte die Dschinniya und verneigte sich. Der Karren, samt gefülltem Dattelsack, erschien. „Aber wie kann das helfen?"

„Steht nicht geschrieben: Gold hilft immer?" Jussuf strich mit einer Hand über den Sack. „Oh ja, so prall gefüllt wie dein Herz angefüllt ist mit Sehnsucht nach Ahmad. Warte hier, dein Mann wird bald bei dir sein."

Er packte die Deichsel, stemmte die Sandalen gegen das Pflaster und zog mit seinem Schatz davon. Jetzt musste er Ahmad nur noch die Feigen geben, und alle würden zufrieden sein.

Oder sollte er das Glück noch einmal mit einer Täuschung versuchen? Zwei von den Feigen waren noch übrig.

Und plötzlich überkam Jussuf großes Verlangen nach der Dschinniya. Sicher, sie war verheiratet und hatte eine Weile in Samarra gelebt, aber da sie ja keine gebürtige Tochter der Stadt war, sondern aus der Welt der Geister stammte, konnte sie nicht ganz verdorben sein. Außerdem war sie mächtig. Wenn *er* Ahmad wäre, anstelle des echten Ahmads, oh, so müsste sie *ihm* jeden Wunsch erfüllen.

Eilig zog er den Karren in die Gasse, in der sich Ahmad versteckte. Der nervöse Ehemann hatte den Dattelsack leergefressen und wartete nun im Schatten der Hauswand.

„Bruder!", rief Jussuf mit gespielter Sorge. „Flieh und rette dich. Fatima will dir tatsächlich das Leben nehmen."

Er hatte noch nie ein Kamel auf die Knie fallen und so elend heulen sehen. „Warum nur?", fragte Ahmad, gefolgt von einem tiefen Schluchzen.

„Du musst fortgehen!", drängte Jussuf. „Vergiss Fatima, im Norden gibt es grüne Wiesen und wilde Kamelherden ..."

Sein Gewissen zwickte ein wenig bei diesen Worten, aber der Gedanke an die Dschinniya verdrängte die schwache Regung: Die Beiden waren selbst schuld, wenn sie Fremde in ihre Ehestreitigkeiten hineinzogen.

Ahmad erhob sich mit wackeligen Beinen und schnaubte Sabber vom Maul. „Vergib mir, Jussuf, ich wünschte, ich könnte dich angemessen belohnen. Möge der Himmel dir deine Tat vergelten, denn du hast mir heute einen großen Dienst erwiesen."

Nachdem Ahmad fort gegangen war, aß Jussuf die beiden Feigen und verwandelte sich. Er kleidete sich sofort neu ein, benetzte seine Haut mit Rosenöl und ging wieder auf den Basar zu Fatima.

Rund um den Platz standen Palastwachen mit Fackeln, und die Dschinniya wartete neben einem Baldachin aus Goldbrokat, wie man ihn sich prunkvoller nicht vorstellen konnte. Unter dem Zierdach saß der Kalif von Bagdad auf einem Berg Kissen und blickte verdrießlich auf Jussuf. Zur Rechten des Beherrschers der Gläubigen saß Ahmad.

Der Händler aus Samarra war in ein Gewand aus weißer Seide gehüllt. Er lächelte und winkte Jussuf zu sich heran.

Jussuf versuchte noch wegzulaufen, aber die Wachen ergriffen ihn und schleiften ihn vor den Baldachin, wo sie ihn zu Boden warfen. Ich bin tot, dachte er. Auch wenn er atmete und sein Herz hämmerte, im Grunde ging es nur noch darum, das Urteil zu empfangen.

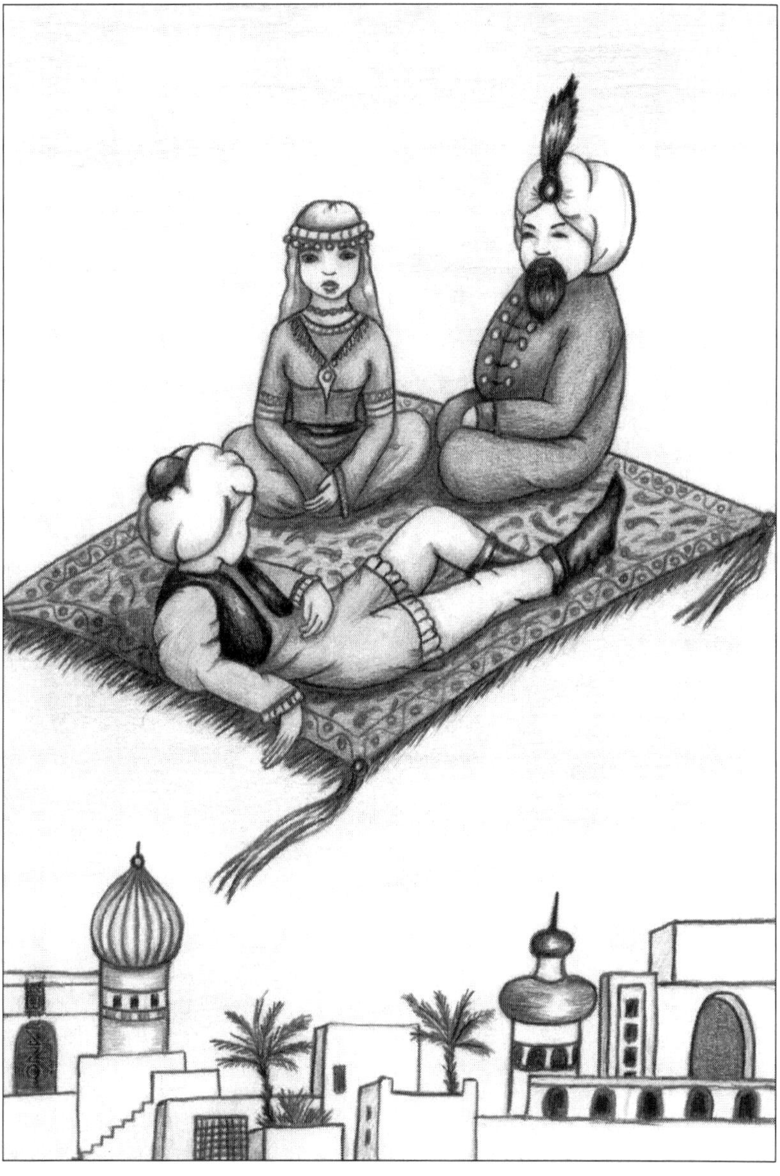

„Nun, ihr Herren, mit diesem Spiel endet nun eure Wette", sagte die Dschinniya. „In Samarra fanden wir drei ehrliche Männer und zwei Lügner, die nichts als ihren Gewinn im Kopf hatten, in Bagdad waren nur zwei ehrlich. Somit ist der Statthalter von Samarra weiterhin mein Meister und darf zudem einen Wunsch an Euch richten, oh Fürst der Gläubigen."

Der Kalif wandte sich an den Statthalter. „Wählt schnell. Mir ist die Lust an dieser Wette vergangen."

Ahmad sah kurz zu Fatima hinüber, die ihm erleichtert zunickte, dann deutete er auf Jussuf.

„Schenkt mir das Leben dieses Mannes und auch das der anderen, die Euch enttäuscht haben. Denn auch wenn sie mich betrügen wollten, glaube ich, dass etwas Gutes in ihnen steckt. Außerdem schulde ich diesem Mann einen Dattelsack." Er nickte Jussuf zu.

„So sei es!", sagte der Kalif, offenbar erleichtert darüber, so billig davongekommen zu sein. Die Wächter zogen Jussuf auf die Füße. Er bewegte sich, wie in einem Traum, dann setzte er sich an eine Mauer. Die Bewaffneten blieben bei ihm, bis die Dschinniya zusammen mit dem Kalifen und ihrem Herrn auf einem Teppich davongeflogen war. Später brachte man ihm einen vollen Dattelsack. Ahmad saß noch eine ganze Weile still da und dachte über sich und seine Zukunft nach. Die Münzen in seinem Beutel waren zu Sand geworden. Er ließ ihn zwischen den Fingern zerrinnen. Das Gold auf dem Karren hatte zweifellos die gleiche Verwandlung ereilt.

Erst als der Morgen dämmerte, schulterte Ahmad seinen Sack, wanderte aus der Stadt und folgte der Handelsstraße nach Samarra.

Die schwarze Rose

Sultan Araschi von Damaskus hatte einst unter all seinen Frauen eine Lieblingsfrau namens Fatma. Sie war die schönste Frau seines Harems, und er hatte bereits einen Sohn mit ihr, der sein Nachfolger werden sollte.

Fatma wurde deshalb von den anderen Frauen des Harems beneidet. Manche von ihnen hätten alles getan, um die Favoritin des Sultans zu werden. Sie hätten dafür sogar getötet. Auch die junge Sala, die Sultan Araschi erst vor wenigen Wochen in seinen Harem aufgenommen hatte, war sehr neidisch auf Fatma. Sala war die Tochter eines mächtigen Zauberers und hatte genauso ein böses Herz wie ihr Vater. Eines Tages fragte Sala ihren Vater, ob er sie nicht durch einen Zauber zur Lieblingsfrau des Herrschers machen könne. Der Zauberer überlegte eine Weile. Dann gab er ihr eine rote Tasse, sowie eine Mischung feinsten Kräutertees und sagte, sie solle den Tee zubereiten und Fatma, genau aus jener Tasse, davon trinken lassen. Habe diese davon getrunken, so solle sie die Tasse erneut mit dem Tee füllen und selber davon trinken.

„Und das wird wirklich helfen, mich zur Favoritin Araschis zu machen?" Sala klang ungläubig.

„Warte es ab, mein Kind", antwortete ihr Vater. „Tu, was ich dir gesagt habe, und du wirst sehen, was geschieht!"

Sala nahm die Teemischung und die Tasse an sich. Schnell

verließ sie ihren Vater, um heimlich den Tee zuzubereiten. Am Abend lud sie Fatma freundlich in ihr Gemach ein. „Fatma, ich habe dir Tee gekocht, damit du dich ein wenig erfrischen kannst", plauderte Sala mit Unschuldsmiene und hielt ihrer Konkurrentin die rote Tasse ihres Vaters hin.

„Danke, wie nett von dir!" Fatma nahm den Tee entgegen und pustete ein wenig, da er ihr zu heiß war. Dann trank sie den Tee genießerisch in mehreren kleinen Schlucken aus und stellte die leere Tasse auf das Tablett, das in der Nähe stand. Kaum aber hatte sie die Tasse abgestellt, da wurde sie zu einem Geist, und auf der vormals roten Tasse war nun ihr Bildnis aufgemalt.

Sala aber füllte erneut von dem Tee in die Tasse, wie es ihr Vater gesagt hatte, und trank diesen in einem Zug aus. Im selben Augenblick aber war Fatmas Bildnis wieder von der Tasse verschwunden und Sala sah jetzt genauso aus, wie diese. Niemand, auch nicht der Sultan, würde bemerken, dass Sala nicht die echte Fatma war. Und so wurde die verwandelte Sala von jetzt an zu Araschis Lieblingsfrau, und keiner merkte einen Unterschied.

Während Sala noch darüber grübelte, wie sie den, von ihr verhassten, Sohn der Gegnerin loswerden und dem Sultan selber einen Sohn schenken konnte, schlich Fatma aus dem Harem ins Freie und flog dann zur großen Stadt der Geister, die hoch über den Wolken im Himmel gelegen war. Dort erfuhr sie von anderen Geistern, dass man mit dem alten Magier sprechen musste, wenn man als Geist einen dringenden Wunsch hatte. Der lebte in einem Haus ganz oben in der Stadt. So machte sich Fatma auf den Weg zu ihm.

Als der Magier nach ihrem Begehr fragte, sagte sie, sie wolle wieder ein Mensch werden. Des Magiers Antwort ließ sie hoffen. „Hör zu, mein Kind! Ich will dir aus dem Buch des Lebens, über dein Leben als Mensch, vorlesen. Dann wirst du wieder zurück verwandelt werden."

Der Magier las ihr aus dem Buch vor und Fatma lauschte gespannt. Sie erfuhr, wie sie als Kind gelebt hatte, dann in ihrer Jugend in den Harem des Sultans aufgenommen wurde und schließlich zu seiner Lieblingsfrau geworden war. Endlich gelangte er zu der Stelle, als sie von Salas Zaubertee getrunken hatte. In dem Moment aber, als der Magier vorlas, dass Sala ebenfalls aus der Tasse trank und danach so aussah wie Fatma, befand sich Fatmas Geist wieder in Damaskus und verwandelte sich in eine junge, lebendige Frau zurück, die aber nun so aussah wie Sala.

Als sie in einen Spiegel sah und merkte, was geschehen war, kam Verzweiflung in ihr auf. Wie konnte sie nur ihr altes Aussehen wiedererlangen?

Fatma wanderte in Salas Gestalt monatelang durch das Land, auf der Suche nach einer Möglichkeit ihr eigenes Aussehen wieder zurück zu erlangen, jedoch ohne Erfolg. Eines Abends aber, als sie wieder einmal in einem Stall am Wegesrand übernachtete, erschien ihr im Schlaf der Vogel Simurgh*, der König der Vögel.

„Fatma", sprach er leise zu ihr, „die böse Sala hat dir übel mitgespielt. Ich weiß aber eine Möglichkeit, wie du deine wahre Gestalt wiedererlangen und Sala aus dem Palast in Damaskus vertreiben kannst. Hör zu! – In der schönen Stadt Bakir steht das Minarett der hunderttausend Stufen. Am Ende seiner Wendeltreppe befindet sich ein Raum, in dem man eine schwarze Rose findet. Wenn du an der Rose

riechst, wird dein sehnlichster Wunsch erfüllt, du wirst wieder du selbst, und Sala und ihr Vater werden zu Staub zerfallen. Es gibt jedoch ein Hindernis: Wenn ein Menschenfuß die Wendeltreppe des Minaretts berührt, so verlängert sich diese immer weiter und weiter empor und endet nie. So kann man den Raum mit dieser schwarzen Rose niemals erreichen. Einzig wer das rechte Zauberwort spricht, bevor er die Treppe betritt, gelangt zum Ende."

Hier verstummte der Vogel, steckte Fatma noch einen kleinen Zettel in ihren Umhang und flog davon. Fatma aber erwachte. „Was war das nur für ein merkwürdiger Traum?", dachte sie.

Sie fasste in ihren Umhang und fand dort tatsächlich den Zettel des Vogels. Ob er das Zauberwort barg?

Als sie aber den Zettel näher betrachtete, stellte sie fest, dass er völlig unbeschrieben war.

Sie beschloss, den Magier Zato aufzusuchen, von welchem ihr die Leute auf ihrem Weg erzählt hatten und der ganz in der Nähe lebte.

„Meister", sagte Fatma, nachdem der Magier sie in sein Haus gebeten hatte, „ich habe hier einen Zettel, den mir der Vogel Simurgh im Traum zusteckte. Augenscheinlich ist er leer, doch sicherlich birgt er ein Zauberwort, welches ich unbedingt kennen muss. Könnt Ihr mir helfen, ihm sein Geheimnis zu entlocken?"

„Ich will tun, was ich kann", erwiderte der Magier. „Aber es kostet fünf Goldstücke!"

„Meinen Armreif sollt Ihr haben!", sagte Fatma, streifte ihren Goldschmuck ab und legte ihn auf den Tisch.

Der Magier behandelte den Zettel mit allerlei Tränken, und Dämpfen, um eine mögliche Geheimschrift sichtbar zu machen, aber er hatte damit keinen Erfolg. Schließlich hielt er den Zettel noch in den Rauch über dem Feuer, das er im Ofen entfacht hatte, doch nichts geschah.

Schon wollte er Fatma den Zettel zurückgeben und seinen Misserfolg zugeben, da blickte er zufällig in einen Spiegel, der im Raum hing. Den Zettel noch in der Hand haltend, entdeckte er das Geheimnis. Im Spiegel war deutlich eine Schrift auf dem Zettel zu lesen! Dort stand nur ein Wort. Es lautete „Dundador".

Der Magier teilte Fatma sofort seine Entdeckung mit und hocherfreut verließ Fatma das Haus von Zato. Nun würde sie an der schwarzen Rose im Minarett der hunderttausend Stufen riechen können!

Einige Tage später erreichte Fatma die Stadt Bakir. Das Minarett der hunderttausend Stufen erblickte die Frau schon aus ganz weiter Entfernung, da es so gewaltig war.

Endlich stand sie am Fuß des riesigen Turmes und öffnete vorsichtig die Tür zur Treppe. Doch bevor sie die Stufen betrat, sprach sie zuerst laut das Zauberwort „Dundador". Im selben Augenblick schwebte ein fliegender Teppich von der Wendeltreppe herab und hielt vor ihr an. Sie stieg auf, und er flog mit ihr die Wendeltreppe empor.

Nach einiger Zeit begegneten sie auf der Treppe Skeletten verschiedener Leute, die ebenfalls begehrt hatten an der schwarzen Rose zu riechen, aber das Zauberwort nicht wussten. Sie waren auf der grausamen Treppe verhungert und verdurstet.

Endlich kamen sie am Ende des Turms an. Dort setzte der fliegende Teppich Fatma vor einer Tür ab, die sie öffnete.
In der Mitte, des von der Sonne hell erleuchteten Raumes, stand ein Topf mit einer schwarzen Rose auf einem Tisch.
Fatma zögerte nicht lange und schnupperte daran.

Im Nu befand sie sich im Harem des Sultans in Damaskus. Sie schaute sofort in den Spiegel und war außer sich vor Freude. Sie hatte ihr altes Aussehen wieder!

Sala und ihr Vater aber, zerfielen im selben Moment zu Staub, sodass sie nie wieder Böses anrichten konnten.
So blieb Fatma zeitlebens die Favoritin des Sultans und schenkte ihm noch fünf weitere Söhne.

Der Barbier des Kalifen

Es war einmal ein alter Kalif im Land der aufgehenden Sonne. Der hatte, neben seinem Großwesir und all den Würdenträgern, einen Barbier, dem er alles anvertraute und mit dem er alles besprach, was ihn bedrückte.

Eines Tages kam wieder einmal der Tag, an dem der Kalif rasiert werden sollte, und so wurde nach dem Hofbarbier geschickt. Es vergingen nur ein paar Minuten bis dieser bei ihm war und sich mit Kamm, Rasiermesser und Schere vor ihm in den Staub warf, um ihn zu begrüßen.

„Steh auf, Barbier, du brauchst nicht vor mir zu kriechen, wir sind doch seit Jahren Freunde!", sagte der alte Kalif und half dem Barbier auf, der sich vorsichtig vom Boden erhob.

Als der Großwesir sah, wie der Kalif den gewöhnlichen, unbedeutenden Barbier behandelte, stieg in ihm der Neid auf und er ersann einen Plan, diesen Barbier auf dem schnellsten Wege loszuwerden.

Eines Tages, als der Barbier nach getaner Arbeit mit dem Kalifen bei Tee und Wasserpfeife zu Tisch saß, stahl sich der Großwesir in die Gemächer des Barbiers und weichte dort das Rasiermesser des Kalifen in Gift der Kobra. Er tat dies so lange, bis der Griff nichts mehr aufzunehmen vermochte und die Klinge mehrfach damit benetzt war.

Am Tag darauf, als der Barbier wie gewohnt im Palastbad dem Kalifen zu Dienste sein wollte, stürmte der Großwesir herein und riss dem unwissenden Barbier das Messer aus der Hand.

„He, was soll das?!" Der Barbier zeigte sich überrascht.

„Du Schurke wirst unseren Kalifen nicht töten!", rief der Großwesir triumphierend und nahm das Messer, um es an einer herbeigeschafften Taube zu erproben.

Er ritzte der gesunden Taube mit der Messerklinge nur leicht einen ihrer Füße an und Sekunden darauf lag sie tot in seinen Händen.

Der Kalif war nun von dem vermeintlichen Angriff seines Barbiers überzeugt, wenn auch voller Enttäuschung, und ordnete eine sofortige Untersuchung aller Umstände an. Dabei erlog der Großwesir eine einfache, wenn auch leider sehr plausible Geschichte.

Die Unschuld des Barbiers konnte leider, beim besten Willen aller, nicht erbracht werden und so wurde der Barbier schlussendlich aus der Stadt gejagt.

Er ließ sich aber notgedrungen, mit seinem gebliebenen Handwerkszeug, in einer nahegelegenen Oase vor den Toren Bagdads nieder.

Dort begab es sich, viele Monate nach den Geschehnissen, dass ein Karawanenzug auf dem Weg nach Bagdad in der Oase Halt machte.

Es waren fünf Männer und ebenso viele Kamele, die der Barbier zählte. Er hoffte, endlich einmal wieder Arbeit zu bekommen, die ihm seine leere Geldbörse füllte. Versteckt in grünem Dickicht, belauschte er die Fremden, als diese ihre Tiere tränkten.

Als er eben zu ihnen treten wollte, vernahm er, dass es die fünf Räuber von Samarra und deren Führer, Gomorrha selbst, waren. Sie waren in ganz Arabien für ihre Taten gefürchtet. Der Barbier kannte sie von Geschichten, die ihm der Kalif einmal bei einer morgendlichen Rasur über sie erzählt hatte.

Erschreckt zog der Barbier sich wieder tiefer ins Gebüsch zurück und konnte von dort ihre schrecklichen Pläne für die kommenden Tage in Bagdad mit anhören. Nachts wollten sie, durch eine Geheimtür in der Stadtmauer, nach Bagdad eindringen und mit Hilfe eines Mittelsmannes in den Palast gelangen, um dort den Kalifen zu töten und anschließend die Schatzkammer zu plündern.

Der Barbier erschrak zu Tode, nachdem er all dies über die Zukunft seines alten Freundes mit angehört hatte. Jedoch fasste er sich schnell wieder und ersann eine Idee, die er sofort in die Tat umsetzte.

Er zog sich sein Halstuch vor das Gesicht, nahm sein Barbiermesser, öffnete es und sprang dann, unter lautem Geschrei, aus dem Gebüsch auf die Räuber zu.

„Ihr da! Keiner rührt sich!"

Er bedrohte sie mit seinem Rasiermesser.

Keiner der Räuber rührte sich erst, dann aber fing einer von ihnen schallend zu lachen an.

Es war Gomorrha, der blitzartig aus seinem Gürtel einen Damaszenerdolch mit gebogener Klinge zog und mit einer schnellen Bewegung den Barbier entwaffnete.

„So, was nun, du *Räuber*?!", spottete Gomorrha lachend über den Barbier und zog ihm das Halstuch vom Kinn.

„Ich, ich..." Vor lauter Stottern konnte der Barbier nicht vernünftig antworten.

Also fiel ihm der Räuberhauptmann ins Wort. „Du und dein Mut, ihr gefallt mir. Wie heißt du? Was führt dich in diese Oase?"

„Mein Name ist Adebar", log der Barbier, „und ich verweile nur zum Füllen meiner Trinkflasche hier."

„So, so! Nur die Trinkflasche füllen! Und wieso überfällst du uns dann, obendrein mit einem Rasiermesser, statt mit einem Schwert oder Dolch?", wollte Gomorrha wissen.

„Es war die einzige Waffe, die ich bei mir hatte", erklärte der Barbier. „Warum wohl sonst?", fügte er rasch hinzu. „Meint ihr, ich wäre ein in Ungnade gefallener Barbier, der hier in dieser Oase haust, um Kundschaft zu suchen?"

„Nun, das bestimmt nicht!", erklärte der Anführer und das Gesicht des Barbiers umspielte ein verstohlenes Lächeln.

Gomorrha bemerkte dies, deutete es jedoch falsch und es gefiel ihm. „Nun, wie wäre es Adebar, wenn du dich uns anschließen würdest? Einen mutigen Ganoven wie dich könnten wir in unseren Reihen gut gebrauchen, denn wie das Glück so spielt, sind wir gerade auf dem Weg zu einem Raubzug nach Bagdad!"

Unser Barbier, dessen Plan bislang genau aufgegangen war, tat so, als überlege er angestrengt hin und her.

„Gut", antwortete er nach einer Weile. „Ich werde mich euch anschließen! Zuerst jedoch möchte ich mehr über diesen Raubzug, sein Ziel und die Opfer erfahren."

Der Hauptmann stimmte zu und gemeinsam weihten sie ihn in ihr düsteres Vorhaben ein. Leider erwähnten sie nicht, wie erhofft, den Namen des Schurken aus Bagdad, der ihnen behilflich sein würde. So blieb dem Barbier nichts anderes übrig, als seine falsche Identität aufrecht zu erhalten.

Am Abend des nächsten Tages brachen sie auf. Sie mieden die Haupttore Bagdads und suchten am Ende der rechten Stadtmauer, die mit einem Kreidekreuz gekennzeichnete Geheimtür zu finden. Nach längerem Absuchen der Wand im fahlen Fackelschein, fanden sie das Zeichen endlich und mit geeinten Kräften zogen sie die Steintür mit zwei großen Eisenringen auf.

Sie traten durch die Tür und zwei von Gomorrhas Räubern blieben, wie besprochen, an der Tür zurück, um den Fluchtweg zu sichern. Darauf eilten die übrigen Schurken mit ihren Kamelen an der Hand durch die Straßen und der Barbier, der ebenfalls ein Kamel zu führen hatte, wies ihnen den Weg.

Es dauerte etwa eine Stunde, bis sie vor den prächtigen Treppen des Kalifenpalastes standen.

„Was nun?", wollten die Räuber wissen, nachdem sie ihre Kamele in einiger Entfernung festgebunden hatten.

„Wir bleiben hier, wie geplant!", antwortete Gomorrha, verärgert über die dumme Frage.

Auch der Barbier wartete im Kreis seiner Begleiter auf den Mittelsmann, der ihnen den Eingang in den Palast zeigen sollte.

Lange warten musste er nicht. Kaum, dass sich der Barbier versah, huschte auch schon eine Schattengestalt über die Treppen und winkte ihnen, ihr zu folgen.

„Hinterher!", befahl Gomorrha und gemeinsam eilten sie dem Verräter nach.

Sie rannten über eine Seitentreppe, an einigen Statuen vorbei, bis sie zu einem kleinen Abgang neben einem Brunnen kamen. Die völlig in schwarz gekleidete Gestalt wartete schon am geöffneten Spalt einer Türe.

Als alle, im Dunkel verborgen, hineingeschlüpft waren, schloss der vermummte Fremde den Zugang und schlüpfte im Licht der Wandfackel aus seiner Verkleidung.

Der Großwesir!

Glücklicherweise erkannte er den, ebenfalls vermummten, Barbier im schwachen Licht nicht, obwohl er den Neuling intensiv musterte.

Gomorrha und der Großwesir schritten voran, durch die fackelbeleuchteten Hallen des Palastkellers, während der Barbier und die anderen Räuber ihnen leise folgten. Sie stiegen eine breite Treppe hinauf und gelangten durch eine dicke Holztür in den oberen Teil des Palastes.

Dem Barbier wurde beim Betreten der Palasthallen und ihrer Gemächer schnell klar, dass ihm die Zeit durch die Finger zu rennen begann.

Er musste schnell etwas unternehmen.

Nur was, wusste er nicht.

Und so überlegte er weiter, bis sie bei der Schatzkammer waren, die der Großwesir mit seinem Schlüssel öffnete.

Gomorrha, der um den Schatz wusste, hielt sich nicht mit Staunen oder Bewunderung desselben auf, sondern wies, die Säcke mit dem Wertvollsten der Kammer randvoll zu füllen.

Dann ließ er den Barbier und seine anderen vier Gefährten in der Schatzkammer zurück, um mit dem Großwesir den Kalifen aufzusuchen.

Der Barbier tat erst, wie ihm geheißen war, bis Gomorrha mit dem Wesir in der Türe verschwunden war. Dann aber deutete er auf ein paar sehr wertvolle Schmuckstücke im hinteren Teil der Schatzkammer. Habgierig stürzten sich die vier anderen darauf.

Der Barbier jedoch sprang in der Zwischenzeit auf die Kammertür zu, die nur von außen mit dem Schlüssel zu öffnen war, und zog sie rasch hinter sich zu. So waren die vier Plünderer gefangen.

Mit einem Krummschwert aus der Schatzkammer in der einen Hand und einem Dolch von Gomorrha, den dieser ihm für den Raubzug gegeben hatte, in der anderen, eilte „Adebar" dem Großwesir und seinem Gehilfen hinterher.

Auf ihm wohl bekannten Abkürzungen gelangte er zum Schlafgemach des Kalifen, öffnete vorsichtig die Tür und schlüpfte hinein.

Gerade noch rechtzeitig, denn, nachdem sie die Wachen geschlagen hatten, kamen soeben die Schurken um die Ecke.

Der Barbier stand nun im Schlafgemach des Kalifen, der nichts Böses ahnte und gleichmäßig atmend im Bett schlief. Er stellte sich mit dem Dolch in der rechten Hand hinter die Tür, das Bett fest im Auge und wartete.

Da glitt leise die Tür auf und Gomorrha, gefolgt vom Großwesir, betrat das Zimmer. Gemeinsam schlichen sie an das Bett des Kalifen heran.

Gerade als der Räuberhauptmann seine Mordwaffe zog, um dem schlafenden Kalifen das Herz zu durchbohren, schnellte der Dolch des Barbiers aus dem Dunkel hervor.

Er traf den Bösewicht genau an selber Stelle und rammte ihm die Klinge mitten in die Brust. Der Großwesir fuhr erschrocken hoch und erkannte im Mondlicht das Gesicht des Barbiers, seines alten Gegners.

Der Barbier aber ging schnell auf das Bett des Kalifen zu.

„Herr, wacht auf, schnell!", brüllte er. „Herr, um euer Bett haben sich Mörder versammelt, einer liegt vor euch!"

Zur Verteidigung seines Freundes hielt er mit erhobenem Schwert auf den Wesir zu.

Der Großwesir indes erhob ebenfalls sein Schwert und wollte auf den schlaftrunkenen Kalifen losgehen, als die Klinge des Barbiers zwischen sie fuhr. Er blockte den Schlag des Wesirs ab und fuhr ihm dann mit der Schwertspitze über den eingehüllten Bauch.

„Lass sofort das Schwert sinken und wirf es hinter dich auf den Boden!", befahl der Barbier, trat einen Schritt näher und setzte dem Großwesir die Waffe bedrohlich auf die Brust. Dieser tat wie ihm befohlen und der Kalif rollte sich zur andern Seite hin aus dem Bett.

Der Kalif erkannte nun seinen alten Gefährten und Freund wieder. Rasch ergriff er das Schwert des Großwesirs, um diesen seinerseits von hinten in Schach zu halten.

Der Barbier schilderte dem Kalifen die Geschehnisse kurz, und vergaß auch nicht auf den ersten Anschlag durch den Großwesir hinzudeuten, der ihn seinerzeit in Ungnade fallen ließ.

„Das eine hat mit dem anderen gar nichts zu tun", erklärte der Großwesir mit der Stimme eines gefallenen Sünders. „Umso größer ist der Dienst, den mir mein alter Freund erwiesen hat", meinte der Kalif und übergab den Wesir seinen Wachen, die eben durch die Tür geeilt kamen.

Die Wachen brachten den Wesir in den Kerker.

„Ich danke dir Barbier", sagte der Kalif und umarmte ihn.
„Es ist gut Herr, ihr konntet um den Verrat nicht wissen", beschwichtigte ihn der Barbier. „So konnte ich euch doch wenigstens von den Zweifeln an meiner Aufrichtigkeit, die der böse Großwesir zwischen uns gesät hatte, befreien."

„Ja, so ist es", stimmte der Kalif ihm zu. „Und weil dir so viel Unrecht geschehen ist, möchte ich, dass du in Zukunft nicht nur mein Barbier, sondern auch mein Großwesir bist. Eine Position, die dir als meinem treuesten Freund eigentlich immer schon zustand!"

Der Barbier war überglücklich und gleichzeitig, wie von einer Feige getroffen, überrascht.

Er dankte seinem alten und neuen Freund und Herrn, und gemeinsam führten sie Bagdad in den nächsten Jahren zu märchenhaftem Wohlstand, Frieden und Glück.

Illustration vom Autor

Der Kadi von Bagdad

In einem Dorf, nahe der ruhmreichen Stadt Bagdad, lebte ein Junge namens Rashid. Wie fast alle seine Freunde und Geschwister, so musste auch er mit anfassen, damit die Familie das harte Leben vor den Toren Bagdads bestreiten konnte.

Wenn er früh morgens die Ziegenherde seines Vaters auf die kargen Hügel seines Heimatortes trieb, war eine Sornay* sein ständiger Begleiter. Sein Großvater drechselte diese aus dem Holz des Aprikosenbaums. Und während die Herde sich an dem kargen Grün sättigte, spielte Rachid auf ihr die alten Melodien, die schon sein Vater und Großvater vor ihm gespielt hatten. Seine Lieder erklangen über Hügel und Felder und durchströmten die Herzen der Menschen.

Es begab sich zu jener Zeit, dass ein neuer Kadi* in sein Amt eingeführt werden sollte. Auf dem Wege nach Bagdad ritt dieser auf seinem Muli an dem Hügel vorbei, auf der Rashid's Ziegenherde graste. Einen Moment hielt er inne und lauschte der Musik. Rashid, der den Fremden zuerst nicht bemerkte, erhob seinen Kopf. „Herr, habt Gnade mit mir." Er warf sich vor dem Kadi auf die Knie.

Der Kadi stieg von seinem Muli und beugte sich über den Jungen. „Wie heißt du, mein Sohn? Erhebe dich!"

Es dauerte einen Augenblick, ehe Rashid sich erhob.

„Oh gnädiger Herr, ich bin ihr Diener.“
„Der Klang deiner Sornay hat mich offensichtlich hierher geführt. Ich bin auf dem Wege nach Bagdad. Du sollst mich begleiten, deine Musik erwärmt mein Herz.“
Röte stieg Rashid ins Gesicht. „Gütiger Herr, ich bin nur ein armer Bauernjunge, der jeden Tag die Ziegenherde auf den Hügel treibt, nichts anderes habe ich erlernt.“
Der Kadi konnte sich ein Schmunzeln nicht verkneifen.
„Aber wie ich sehe, kannst du ganz schön viel. Wenn ich mir deine Herde betrachte, ist sie wohlgenährt, obgleich hier auf dem Hügel nicht gerade das beste Gras wächst.“

Rashid wurde ein wenig verlegen. Ja, er wusste auch nicht woran es lag, aber seine Ziegen gaben die meiste Milch, und es war der beste Käse, den der Vater auf dem Markt in Bagdad verkaufte.

Als der Kadi Rashid's Vater bat, den Jungen mitnehmen zu dürfen, freute sich der alte Bauer sehr, seinen Sohn in die Obhut des Richter's zu geben.

So begleitete Rashid den Richter nach Bagdad. Der Kadi lehrte ihn das Lesen und das Schreiben. Jeden Freitag nahm er den Jungen mit zu den Gerichtsverhandlungen, die bei der Bevölkerung immer auf sehr großes Interesse stießen. Der Marktplatz war gefüllt bis in die hintersten Ecken. Diebe und Wegelagerer, aber auch Mörder, wurden vor den Augen des Volkes verurteilt. Dieben wurde die rechte Hand abgehackt und Mörder wurden geköpft. Ein Spektakel, das sich niemand entgehen lassen wollte.

Da unser Kadi ein wahrhaftig weiser Mann war, fällte er seine Entscheidungen immer erst, wenn er eine Nacht darüber geschlafen hatte.

Nach jeder Verhandlung spielte Rashid dem Richter die Melodien der Heimat auf seiner Sornay vor. Die Musik wirkte wie eine Zauberei. Der alte Kadi verspürte die Klarheit, er wusste sogleich, wie er urteilen soll.

Es vergingen sieben volle Jahre. Da Rashid ein gelehriger Schüler war und der alte Kadi ein geduldiger Lehrmeister, dauerte es nicht lange und er trat in dessen Fußstapfen. Der Kadi, der keine Kinder hatte, nahm Rashid als seinen Sohn an.

Nur wenig später bekam er seinen ersten Auftritt als Beisitzer des Richters.

Nach und nach füllte sich der Marktplatz. Geschwätzige Weiber, Bauern, Händler, und auch zahlreiche Kinder waren anwesend, als die Wachen einen der reichsten Kaufmänner Bagdads direkt zum Richtertisch führten.

Der Kaufmann schleppte einen alten Mann und dessen Tochter, die schöne Fatima, vor das Gericht.

Fatima war sehr jung und von schlanker Gestalt. Sie war in einen Schleier eingehüllt, der ihr Gesicht bis auf die Augen bedeckte, ihre Schultern zitterten und sie hielt den Kopf gesenkt.

„Oh großer Herr", begann der Kaufmann und wandte sich an Rashid. „Ich flehe um Gerechtigkeit. Dieser Mann, der alte Jussuf, schuldet mir zwölf Goldstücke. Die Frist läuft zwar erst in einen Monat ab, aber sein Haus hat gebrannt und er hat dabei sein ganzes Hab und Gut verloren. Nun besitzt er kein Geld, um mir die Schulden zu bezahlen. Das Gesetz bestimmt, dass derjenige, der seine Schulden nicht bezahlt, mit seiner Familie als Sklave des Gläubigers zu betrachten ist, bis er seine Schulden und die Zinsen für die ganze Zeit, einschließlich der Zeit, die er als Sklave beim Gläubiger verbringt, bezahlt hat."

Der alte Mann senkte den Kopf. Man hörte wie seine Tochter leise weinte. Dann hob Fatima ihren Kopf und sah Rashid direkt an. Dieser erwiderte den Blick.

Blitze schossen durch seinen Kopf. Diese Augen! Grün wie die Früchte des Ölbaumes.

„Wie soll ich richten? Wie kann ich Fatima zur Sklaverei verurteilen? Aber das Gesetz verlangt das! Was soll ich nur tun?", dachte er verzweifelt.

Rashid schaute erwartungsvoll zum Kadi. Dieser nickte ihm aber nur freundlich und aufmunternd zu.

Rashid wandte sich an den alten Mann. „Erkennst du diese Schuld an?"

„Oh weiser und gerechter Kadi, ich bestreite die Schulden nicht. Ich bitte nur um einen Monat Zeit, bis meine Frist abläuft. Ich kann meine Tochter Fatima verheiraten, sie ist fünfzehn Jahre alt und sehr schön, ich werde ein gutes Brautgeld für sie bekommen. Damit kann ich dann meine Schulden bezahlen."

„Nein!", brüllte der Kaufmann. „Sie könnten aus der Stadt fliehen und sich verstecken. Dann kriege ich nie mein Geld. Ich flehe um Gerechtigkeit!"

Rashid schaute zum Kadi. Doch dieser war nicht mehr da. Tiefe Verzweiflung packte ihn.

Er vertagte die Verhandlung und suchte den Kadi. Doch vergeblich. So sehr er auch fragte, niemand konnte ihm die Frage nach dem Verbleiben des Kadis beantworten.

Am Abend saß er nun nachdenklich und trank seinen Tee, wie sie es nach den Verhandlungen immer gemeinsam taten, dabei fiel sein Blick auf die Sornay. Verwaist lag sie in der Ecke. Es dauerte eine Weile, ehe er die richtigen Töne fand. Aber dann spürte er die Energie, die ihn schon als Kind antrieb! Das Blut pulsierte in seinen Adern und die Töne sprudelten nur so hervor. Völlig erschöpft sank er danach in einen tiefen, festen Schlaf.

Als er erwachte, saß er bei seiner Ziegenherde und hielt seine Sornay in den Händen. Schon von Weitem erkannte er den Mann auf dem Muli. Rashid sank auf die Knie, als der Kadi vor ihm stand.

„Erhebe dich, mein Sohn."

Rashid erhob sich und blickte hilfesuchend in das Gesicht des Richters.

„Herr, warum hast du mich verlassen. Ich brauche deine Hilfe. Wie soll ich ohne dich Recht sprechen?"

Fest drückte der Kadi daraufhin seinen Zögling an sich. „Dich habe ich auserkoren mein Werk weiterzuführen. Und du wirst immer wissen was gerecht ist, denn in der Tiefe deiner Seele hast du längst den Schlüssel gefunden. Den Schlüssel der Gerechtigkeit. Trage ihn immer sicher dort mit dir, und du wirst sehen, dass er die Türen öffnet."

Am nächsten Tag gab Rashid dem alten Jussuf reichliches Brautgeld und nahm seine Tochter zur Frau. So konnte Fatimas Vater seine Schulden bezahlen.

Fatima und Rashid führten ein langes und glückliches Leben. Den Schlüssel der Gerechtigkeit trug Raschid tief in seinem Herzen, und immer wenn er bei Gericht einen Zweifel verspürte, griff er zu seiner Sornay.

Das Herz eines Zauberers

Blau und golden leuchtete der Palast des Kalifen, grau und schmutzig waren aber die Gassen Bagdads, auf denen Siddiq, der Straßenjunge, sein Leben verbrachte. Gold, Seide und Fasanenbrüstchen hier, Staub, Lumpen und Hunger da.

Siddiq war noch keine zehn Jahre alt, doch kannte er die Ungerechtigkeit des Lebens genauso gut wie die Alten, die auf der Straße leben mussten, weil sie eine untragbare Belastung für ihre ausgemergelten Familien geworden waren. Das Elend war so groß wie die Ausschweifungen der Reichen, und die Wut Siddiqs darauf so groß wie die Allmacht des Kalifen, der ein sehr unwürdiger Nachfolger des Propheten war. Was immer Siddiq erbettelte, fand oder stahl, teilte er redlich mit seiner Freundin Sitareh, die gleich ihm auf der Straße leben musste. Ihre Eltern hatten die Achtjährige an einen Mädchenhändler verkauft, doch dem verängstigten Kind war die Flucht gelungen.

Siddiq war nun ihr großer Held, weil er sie versteckte und beschützte. So hart er geworden war, so liebevoll war er zu der kleinen Sitareh.

Eines Tages geschah es, dass ein Trupp Palastwächter rücksichtslos durch die Gassen sprengte und ein alter, verwirrter Mann, der verzweifelt sein Zuhause suchte, zu Tode getrampelt wurde, weil er unter die Hufe kam.

Die Palastwächter hielten nicht einmal an und die Bettler trugen schweigend den Leichnam weg, um ihn irgendwo vor der Stadt zu verscharren.

Siddiq stand dabei, das Gesicht grau vor Entsetzen, Hass und Mitleid - nicht fähig mitzuhelfen. Aber aus seinem Herzen stieg ein gewaltiger, schwarzer Fluch, flog hinter den Reitern her, dem Palast entgegen und sickerte durch die goldenen Dachschindeln in die prächtigen Gemächer des Kalifen.

„Wenn du mir zehn Jahre lang bedingungslos dienen willst, dann werde ich dir alle Macht der Erde geben. Du wirst jeden vernichten können, der dich je beleidigt hat", hörte er auf einmal eine leise, glatte Stimme hinter sich sagen. Er fuhr herum und sah einen Zauberer vor sich, schwarzer Kaftan, großer Turban, alles mit violetten Geheimzeichen bedeckt und funkelnd von schwarzen Diamanten.

„Wer bist du?", fragte Siddiq. Der Fremde lachte trocken, ohne auch nur eine Spur von Belustigung. „Mein Name ist Arif, und ich habe die Macht, dir alle deine Wünsche zu erfüllen, aber ich verlange dafür, dass du mir zehn Jahre lang dienst!"

„Ich kann dann den Kalifen stürzen und im ganzen Land Gerechtigkeit verbreiten?"

„Oh ja, das kannst du, wenn es dein Wille ist!"

Siddiq zögerte noch. Der Zauberer war ihm unheimlich, und zehn Jahre waren eine lange Zeit. Und dann war da noch Sitareh, die alleingelassen auf der Straße sicherlich bald zugrunde gehen würde.

„Kann ich in diesen zehn Jahren weiter für meine Freundin sorgen?", wollte der Junge von ihm wissen.

Der Zauberer schnaubte nur verächtlich durch die Nase. „Du wirst keine Zeit haben, dich mit diesem unwichtigen Ding abzugeben, aber ich kann sie für die Zeit unter einen Schutzzauber stellen, bis du wieder frei bist."

Der Junge starrte auf die Straße, wo das Blut des alten Mannes zwischen den Steinen gerann und brummende Fliegenschwärme anzog. Der Hass schnürte ihm das Herz ab. „Ja, ich will dir dienen, damit ich diese Höllenbrut vernichten kann!", rief er leidenschaftlich. „Ich will mich nur noch von Sitareh verabschieden, damit sie sich nicht um mich sorgt."

Der Zauberer machte zwar ein ungeduldiges Gesicht, ließ es aber zu. Siddiq eilte sofort zu dem Bretterhaufen, hinter dem er und Sitareh die Nächte verbrachten. Arif schritt gemessen hinter ihm drein, den schwarzen Kaftan immer so weit über dem Boden gebauscht, dass er ja nicht mit dem Straßenschmutz in Berührung kam.

Sitareh fiel ihrem Beschützer erleichtert um den Hals, denn sie hatte schon von dem Aufruhr mit den wüsten Palastwächtern gehört. Sie erschrak aber, als sie den schwarzen Zauberer bemerkte.

„Wer ist das?", flüsterte sie ängstlich. „Schick ihn fort, das ist ein böser Mann!" Siddiq erklärte ihr, dass er nur hier sei, um Abschied zu nehmen, und dass Arif sie schützen würde, bis er zurück käme.

„Nein", rief Sitareh, „dieser Mann soll nichts mit mir zu tun haben, und mit dir auch nicht!" Sie begann zu weinen, als sie erkannte, dass Siddiq sich nicht umstimmen ließ.

Sie nahm seine Hand ganz fest in ihre Hände. „Lässt du dein Herz bei mir, bis du wieder kommst?", wisperte sie unter Schluchzern. „Wird dein Herz all diese Zeit bei mir

sein? Siddiq, versprichst du mir das?"

Siddiq nickte. „Ich verspreche dir, Allah sei der Zeuge, bei allem was heilig ist, dass mein Herz für immer dir gehört. Und ich komme zu dir zurück, was auch geschehen mag!"

„Nun ist es genug!", unterbrach der Zauberer drängend den Abschied, und seine Stimme duldete keinen Widerspruch. „Die Kleine soll diesen Stein tragen, er wird ihr Schutz sein."

Er warf dem Mädchen einen dunkelviolett glimmenden Stein an einer silbernen Kette zu. Sitareh fing ihn auf und sah ihn voll Abscheu an. Doch dann trat sie noch einmal ganz dicht zu Siddiq heran und hielt den Stein an sein Herz. „Sag, dass es deine Liebe ist, die mich beschützt, und nicht ein böser Zauber!", bat sie ihn leise.

Siddiq drückte ihre Hände mitsamt dem violetten Stein fest an seine Brust. „Meine ganze Liebe und Freundschaft soll in diesen Stein übergehen und dich behüten, bis wir uns wiedersehen!"

Da lächelte Sitareh zufrieden und legte sich die Kette um. Der Zauberer nahm Siddiq hart am Arm und zog ihn von dem Mädchen weg. „Genug! Ab jetzt bist du mein Diener und wirst für jeden Ungehorsam hart bestraft!"

Er murmelte noch einige fremd klingende Worte, und Siddiq fand sich, von einem Augenblick auf den anderen, in einer unwirtlichen, steinigen Hochgebirgslandschaft wieder, wo nur ganz spärliches Grün aus Felsen und Geröll heraus wuchs.

Von nun an war er der verlängerte Arm des Zauberers, der zutiefst böse war, so wie Sitareh es sofort gespürt hatte. Er schürte den Hass, der den Jungen erfüllte, immer mehr, bis dieser nicht mehr nur die Ungerechten hasste, sondern

alles und jeden. Je mehr böse Taten er für den Zauberer ausführte, desto weniger wurde das Gute in ihm. Er ließ die Felder der Bauern verdorren, verhexte ihr Vieh mit Krankheiten, führte einsame Wanderer in die Irre und ins Verderben, verwandelte Menschen in graue Steine und fand allmählich Gefallen an diesen Dingen. Er spürte eine wachsende Macht über alles in sich und genoss sie. Nach zehn Jahren war Siddiq ein getreues Abbild Arifs, in ihm war es nur noch dunkel und böse.

Am letzten Tag seines Dienstes wandte sich der Zauberer an ihn. „Du hast mir gut gedient und dafür großes Wissen erlangt. Geh zurück in die Welt und verbreite die Macht der Dunkelheit, damit wir eines Tages die Herrscher der gesamten Erde werden!" Damit entließ er Siddiq.

Siddiq nickte finster, machte eine Handbewegung und befand sich im selben Augenblick in Bagdad, genau vor dem blaugoldenen Palast.

„Heute noch nicht!", dachte er, „Ich will erst meine Rache auskosten, aber einen kleinen Anfang werde ich machen."

Er stieß seinen Atem gegen den Palast des Kalifen aus, und ein gewaltiger Sturm erfasste die Mauern.

Als Siddiq sich gerade an der Aufregung erfreuen wollte, die hinter den Fensterlöchern tobte, erschien vor ihm eine blendend weiße Gestalt, ein leuchtender Krieger mit Waffen aus Gold, in denen sich die Sonne spiegelte, und einem Schild aus reinem Diamant.

„Siddiq, was tust du?", fragte er sanft, und seine Stimme war rein und tief wie eine kostbare Glocke und genauso weithin hallend.

Siddiq empfand ein seltsames Unbehagen, aber zugleich hörte er in sich die Stimmer Arifs. „Das ist dein Feind, ihn

musst du bekämpfen. Wenn er gefallen ist, wird uns alles gehören!" Schon hielt der junge Mann ein schwarz funkelndes Schwert in der Hand und drang damit in blinder Wut auf den lichten Krieger ein, doch der lächelte nur und war mit einem Mal verschwunden. Siddiq fuchtelte mit seinem Schwert durch die Luft, aber da kein Feind mehr da war, fühlte er sich bald lächerlich und schob die Waffe zurück in seinen Gürtel. Wen sollte er nun zuerst vernichten, den Kalifen mit samt seinen ganzen Hof oder diesen neuen Feind? Besser den Kalifen, dachte er, darauf hatte er schon so lange gewartet, und danach würde er sich mit ganzer Kraft diesem Unbekannten widmen. Er übernachtete in einer öffentlichen Herberge, wo ihm die Menschen scheu aus dem Weg gingen und den Blick vor ihm senkten. Hochmütig sah er über sie hinweg.

Am nächsten Tag stand er wieder vor dem Palast. Starker Wind wehte in seinem dunklen Kaftan und bauschte seine weiten Seidenärmel. Mit mächtiger Gebärde hob er beide Arme und streckte die Handflächen gegen den Palast.

Dann begann er, aus der Tiefe seines mit Hass erfüllten Herzens, Flüche auszustoßen.

Da fasste ihn eine sanfte Hand am Arm und bog ihn mit Leichtigkeit herunter. „Siddiq! Bist du das etwa, der hier so wütet? Wer bist du, Siddiq? Wer bist du?"

„Ich bin Siddiq, der Rächer, der Vernichter, der Arm der Finsternis, und ich werde dich genauso vernichten wie den Kalifen und seine Meute!" Er zog sein schwarzes Schwert und hieb auf den leuchtenden Krieger ein, der vor ihm stand. Der wich jedem Hieb mit einer Leichtigkeit aus, als ob er schwebte. „Bist du nicht Siddiq, der Straßenjunge, der Mitleid mit einem alten Mann hatte?"

Siddiq hieb sein Schwert mit aller Gewalt gegen den Kopf des Unbekannten, traf aber wieder nicht.

„Bist du nicht Siddiq, der Beschützer der kleinen Sitareh?" Wie ein Feuer durchfuhr Siddiq dieser Name, und blind vor Zorn rammte er das Schwert gegen den Bauch des weißgekleideten Kriegers. Doch das Schwert fand seinen Weg nicht und glitt irgendwie an dem Fremden vorbei. Siddiq brach der Schweiß aus.

„Wer bist du, Siddiq?" Die Stimme war wie eine kühlende Hand auf heißer Stirn. Siddiq brach daraufhin zusammen und kauerte nun auf dem Boden, das Schwert fiel klirrend neben ihn. Ja, wer war er? Wer war er wirklich?

Er war doch nur das Werkzeug eines bösen Zauberers!

Der helle Krieger hier war alles, was er selber in seinen frühen Träumen gern gewesen wäre. Scham erfasste ihn.

Siddiq sah auf zu dem Fremden, sah in ein sanftes Gesicht mit goldbraunen Augen, die ihn mitfühlend ansahen.

„Komm zurück, Siddiq! Es ist nur ein Schritt! Gib mir deine Hand!" Der Fremde hielt ihm die Hand entgegen, doch Siddiq brachte es nicht über sich, sie zu ergreifen.

Überhastet sprang er auf und lief stolpernd davon, immer weiter und weiter, ohne darauf zu achten, wohin. Erst als er völlig außer Atem war, hielt er inne.

Der Blick des Fremden brannte in seiner Seele, brannte Löcher in seinen Hass. Und ihm wurde bewusst, welch schreckliche Dinge er, im Dienste des Zauberers, getan hatte, und siedende Reue und Scham überkamen ihn.

Verstört blickte er um sich und erkannte die kleine Gasse, in der er einst gewohnt hatte.

Wie von selbst hatten seine Füße den Weg hierher gefunden. Hier war der alte Mann gestorben, und da hatte er da-

mals von Sitareh Abschied genommen. Wo sie wohl sein mochte? Ob es ihr gut ging? Lange hatte er nicht mehr an sie gedacht, trotz seines Versprechens damals.

Auf einmal stand wieder der strahlende Krieger vor ihm. „Siddiq! Bist du nun heimgekommen? Sieh mich genau an, erkennst du mich?" Lächelnd nahm der Fremde seinen weißen Turban ab, und lange, dunkle Locken fielen über seine Schultern. „Sitareh!", stammelte Siddiq und wünschte sich weit, weit fort von hier, weg von diesen wissenden Augen, diesem verstehenden Lächeln.

„Ich bin nicht nur Sitareh, ich bin auch du! Erinnerst du dich an den Stein, den mir der Zauberer gab? Ich habe dein Herz darin verwahrt, du selbst hast es mir damals anvertraut, weißt du noch? All deine guten Eigenschaften sind darin aufgefangen, jedes bisschen Mitleid, das du mit jenen hattest, die du verfolgtest. Auch jede einzige Regung von Erbarmen und Freundlichkeit ist hier aufbewahrt, die dir abhanden gekommen ist, und der Zauberer hatte keine Macht darüber! Mit der Kraft dieser vielen Liebe die in dir war, habe ich alles Böse, dass du getan hast, wieder gut gemacht, die Felder neu erblühen lassen, das Vieh gesund gemacht, die Verzauberten erlöst. Der leuchtende Krieger, den du in mir siehst, das bist in Wirklichkeit du selber! Nimm diesen Stein an dich, er enthält dein wahres Herz."

Sie hielt ihm den Stein hin, der nun nicht mehr düster violett aussah wie damals, sondern ein reiner, leuchtender Diamant war. Scheu streckte Siddiq die Hand danach aus.

In dem Moment, als seine Finger den Stein umschlossen, fühlte er einen heftigen Schmerz in der Brust. Dann war er auf einmal so leicht und frei wie nicht einmal in seinen Kindertagen.

„Ach, Sitareh!", flüsterte er überwältigt. Verlegen streckte er seine Hand nach ihr aus, da fiel sie ihm auch schon um den Hals. Glücklich schluchzend hielten sie einander umschlungen, und über beiden leuchtete ein helles Licht. Und Sitareh sah nun nicht mehr wie ein heller Krieger aus, sondern wie eine schöne, strahlende und liebliche Braut.
Unter der Führung Siddiqs erhob sich das Volk gegen den Kalifen und man setzte auf den Thron seinen Bruder, ein frommer und weiser Mann. Siddiq wurde sein Großwesir, und zusammen gelang es ihnen, Gerechtigkeit walten zu lassen, im ganzen Land.

Der Teppichhändler

Es war einmal und es war auch nicht, da herrschte einst über Schirwan der mächtige Schah Heysam ibn Halid. Der lebte in einem prächtigen Palast, und in diesem Palast gab es drei Zimmer, die vollständig leer waren. Er befehligte seinem Wesir den Teppichhändler Hassan-Ali aus Persien in den Palast kommen zu lassen, da diesem Händler sein guter Ruf über die Grenzen vieler Länder voraus eilte.

Seine Teppiche waren makellos und wunderschön, von leuchtenden Farben und geprägt durch die originellen Muster, die fleißige Frauenhände knüpften. Hassan-Ali verstand es, interessierte Käufer so zu begeistern, dass sie ihm weitere Kunden beschafften.

Ehrlich und gewissenhaft verlief sein Handel viele Jahre erfolgreich, und er wurde ein reicher, angesehener Mann.

Als sich Hassan-Ali, nach einer langen Reise, endlich in dem Thronsaal einfand, war er schon sehr gespannt auf den Auftrag. Der Schah saß auf dem goldenen Thron, bei ihm stand eine Schar Berater und Würdenträger, die dem Teppichhändler den Zutritt zum Thron verwehrten. Tief und ehrfürchtig verneigte sich Hassan-Ali vor dem Schah.

„Der Händler", sagte Schah Heysam ibn Halid, „Allah sei mit dir und höre, was ich von dir verlange."

Hassan-Ali antwortete ihm höflich, er konnte es kaum erwarten, den Auftrag entgegen zu nehmen.

„Allah sei mit euch, Schah an Schah, ich höre gerne eure Wünsche."

Der Herrscher forderte den Teppichhändler auf, sich die leeren Räume in seinem Palast anzusehen, sie alsbald zu vermessen, um diese mit seinen Teppichen auszufüllen.

Gehorsam folgte Hassan-Ali dem Wesir, doch war er sich seiner nicht mehr sicher.

So ein ungutes Gefühl übermannte den Teppichhändler, denn in seinem Lager war für drei Gemächer von diesem Ausmaß keine Ware vorrätig.

Einige Stunden später fanden sie sich wieder im Thronsaal ein. Der Teppichhändler erblickte den Schah und fiel vor ihm auf die Knie. „Oh mein Gebieter", sprach Hassan-Ali, „ich habe so viel Zeit vertan um ihnen nun mitteilen zu müssen, dass ich für diesen Auftrag viele Jahre benötigen würde, vielleicht zu viele Jahre, und ihr könntet unter Umständen keinen der Teppiche mehr bewundern."

Diese, unerwartet ehrliche, Antwort des Teppichhändlers überraschte den Herrscher. „Nun, Perser, wie viele Helfer benötigst du? Ich werde sie für euch herbringen lassen."

Hassan-Alis Antwort kam zögernd über seine Lippen. „Mein Gebieter", dabei hob er die Hände in die Höhe, als ob er Allah um Hilfe anflehte, „das sind nicht nur meine Sorgen allein. Großer und barmherziger Schah, ich habe nicht so viele Teppiche in meinem Lager. Ich müsste aber viel reisen, um derart viele Teppiche zu kaufen. Das alles braucht viel Zeit. Es werden Jahre vergehen."

Der Teppichhändler hoffte inständig, dass der Schah ihn entlassen würde, ohne weitere Forderungen zu stellen.

Lange dauerte es, bis der Wesir zu ihm kam und sich ihm

wieder zuwandte. „Oh, ihr seid der größte Teppichhändler Persiens und vielleicht sogar der ganzen Welt, ihr wisst mit kluger Umsicht die Farben und Muster zu vereinen und erreicht so die Vollkommenheit. In Erledigung der Aufgabe, die euch übertragen wurde, seid ihr für heute entlassen. Morgen aber begebt ihr euch an die Arbeit."

Hassan-Ali fühlte sich ohnmächtig. „Das ist doch eine rechte Torheit!", dachte er. „Oh Allah, was muss denn geschehen, damit deine wundersame Allmacht mich von all den Schwierigkeiten befreit?"

Wie gelähmt stand der Teppichhändler noch immer im Thronsaal und wusste sich keinen Rat. Die Stimme des Wesirs hallte in seinen Ohren und sein Verstand sträubte sich, den gesprochenen Worten Folge zu leisten, doch er wollte nicht in Trägheit verharren. So entschloss er sich, zu handeln und bat um ein ruhiges Plätzchen.

Der Wesir geleitete den Teppichhändler aus dem Saal und wies ihm den Weg zu einem der leeren Gemächer, das er Stunden zuvor besichtigt hatte. In dem großen, leeren Raum sollte Hassan-Ali nun die Nacht verbringen.

Der Händler war unruhig, er schritt durch den Raum und überlegte, was nun geschehen sollte. Diese Aufgabe stellte in der Tat eine schwierige Herausforderung dar.

Plötzlich fühlte Hassan-Ali einen Windhauch auf seinem Gesicht, erschrocken suchte er in der Dunkelheit nach einem offen stehenden Fenster, doch es waren alle Fenster verschlossen.

„Ist jemand hier?", hörte er sich fragen.

„Ich bin bei dir", antwortete ihm die wohltönende Stimme einer Frau.

An die Dunkelheit gewöhnt, konnte er eine Frauengestalt

am Fenster ausmachen. „Wer bist du", fragte Hassan-Ali mit Furcht in den Gliedern.

„Mein Name ist Samira, ich bin ein Dev*, doch fürchte dich nicht, es wird dir nichts geschehen", entgegnete die Frau. Er wollte weglaufen, aber konnte seine Beine nicht bewegen.

„Was willst du?" Die Furcht, die Hassan-Ali übermannte, war nun auch in seiner Stimme erkenntlich.

Ein leises Lachen war zu hören, dann bewegte sich die geisterhafte Frau langsam, aber dennoch gezielt, auf den Teppichhändler zu. „Hab Erbarmen", flehte Hassan-Ali, seine zittrigen Hände ausgestreckt und sein Blick gesenkt. Er scheute sich, den Dev anzusehen.

„Was tust du hier?", fragte Samira freundlich.

„Allah hat kein Erbarmen", seufzte Hassan-Ali, „ich soll dieses leere Zimmer mit kostbaren Teppichen füllen, und noch weitere zwei Gemächer in gleicher Größe."

„Es ist keineswegs leer", erwiderte Samira, „es ist voll von Luft und Finsternis."

Als er Samira erblickte, war er sehr erstaunt. Ein Hauch von Schönheit, zart und würdevoll und doch ein Dev.

Diese Geister verwandeln sich, sie nehmen jede Gestalt an, die sie für nötig befinden, um den Mensch zu täuschen. Auch Hassan-Ali wusste dieses und fürchtete sich vor der schönen Frau.

„Ich spüre deine Angst", sprach sie leise und bewegte sich majestätisch durch den leeren Raum, „sie ist unbegründet, denn ich möchte dir helfen. Einst war dies mein Gemach, es ist schon sehr lange her. Der Schah ist mein Bruder und ich wache über ihn. Vor langer Zeit drangen rebellische Stämme in den Palast ein, sie mordeten, stahlen auch alle

Kostbarkeiten. Nur mein Bruder überlebte dieses Attentat. In den leeren Räumen starben meine Eltern, auch meine Schwester und auch ich. Sie alle fanden einen Platz im Paradies, nur für mich blieb das Tor verschlossen, da Allah mich nicht hinein ließ. So musste ich nun den Weg auf die andere Seite, die Schattenseite des ewigen Lebens gehen. Als eine Dev-Frau kehrte ich zurück an den Ort meiner Kindheit und der schönen Tage, um den ewigen Frieden zu finden. Nachdem Schah Heysam ibn Halid den Thron bestieg, ließ er alle Teppiche dieser Räume vernichten, da das Blut, das daran klebte, nicht zu entfernen war."

Hassan-Ali starrte diese schöne junge Frau ungläubig an, denn niemals waren Devs den Menschen wohl gesinnt.

Dann besann er sich, atmete tief in seine Brust und trat ihr mutig entgegen.

Er erzählte ihr, dass der Schah ihm befohlen hatte, alle drei leeren Räume mit den schönsten Teppichen zu füllen. Sie lächelte. „So, mein Freund, ich gebe dir einen Teppich, und nimm auch diesen roten Faden, verknüpfe ihn mit den Fransen und befehle dem Teppich zu fliegen. Er trägt dich wohin du willst, doch sei auf der Hut, verliere nicht den Faden. So kannst du in alle Länder fliegen, um dich nach den Teppichen umsehen, die du benötigst, um dem Schah seinen Wunsch zu erfüllen. Ich werde auch hierher kommen und dir helfen." Sie reichte ihm einen Teppich und einen roten Faden, dann löste sie sich in Luft auf.

Ungläubig starrte Hassan-Ali auf den Faden in seiner Hand. Das war die Rettung für ihn. Damit konnte er seine Geschäftsfreunde und Lieferanten schnell erreichen, um dem Schah die Teppiche zu besorgen.

Noch in dieser Nacht rollte der Händler den Teppich aus, dann verknotete er den roten Faden sorgfältig mit ein paar Fransen.

Sein Herz klopfte heftig und nervös, er kniete sich hin, verbeugte sich noch ein paarmal gen Osten, um Allah zu huldigen und um Hilfe zu bitten. „Flieg, oh Teppich, flieg", flüsterte er leise.

Doch nichts regte sich. Hassan-Ali zitterte und betete nun lauter, dann befahl er dem Teppich sich unverzüglich in die Lüfte zu begeben.

Und siehe da, der Teppich hob ab.

„Höher", sprach Hassan-Ali, und der Teppich gehorchte.

Nun flog er ein paar Runden durch den Raum, stieg immer höher, bis er schließlich das oberste geöffnete Fenster erreichte, flog hinaus und verschwand in die Nacht.

Hassan flog nach Kabul, kaufte dort viele Teppiche, reiste schnell zurück und bedeckte fast eine Hälfte des Raumes.

Als der Wesir des Schahs sich am nächsten Morgen nach seinem Befinden erkundigte, entdeckte er viele schöne Teppiche, die auf den Boden verbreitet lagen. „Du bist ein wahrer, großer Teppichhändler!"

Der Wesir schickte einen Diener zu Hassan-Ali, der ihn mit erlesenen Früchten, mit heißem, süßen Tee, Brot und Wasser, mit Geflügelkeulen und mit türkischem Honig versorgen sollte. An nichts sollte es ihm fehlen, und er durfte sich von nun an frei in dem Palast bewegen.

Der Händler schwieg aber über sein Erlebnis und seinem Vorhaben wie ein Grab. In seinen Gedanken zählte er die Stunden, bis er wieder alleine in den leeren Gemächern sein würde.

108

Am nächsten Abend, als es dunkel wurde, flog er direkt nach Istanbul und Bursa, um Teppiche zu kaufen.

„Schneller", rief er, und der Teppich eilte mit ihm durch die Dunkelheit, den Sternen so nah, und nur der Mond sah zu.

Bald war der erste Raum mit edlen Teppichen komplett gefüllt.

Am dritten Abend breitete der Händler seinen Teppich wieder aus. Überglücklich lachend gab er ihm den Befehl: „Im Namen Allahs, des Gnädigen und Barmherzigen, fliege nach Madurai!" Er brachte viele Teppiche mit zurück aus dem Sultanat Madurai und belegte die Böden der beiden anderen Gemächer.

Am vierten Abend befahl Hassan-Ali seinem fliegenden Teppich in dem Garten hinter seinem Haus zu landen.

Dort nahm er die schönsten Teppiche aus seinem Lager und eilte damit zurück zum Palast.

Am fünften Abend erschien dann Samira, so wie sie es ihm versprochen hatte. „Ich sehe", sagte sie, „dass du schon viele Teppiche hierher gebracht hast. Nun bette dich zur Ruhe, ich werde die Arbeit verrichten."

Hassan-Ali war voller Vertrauen zu der Dev-Frau und legte sich zum Schlafen auf den fliegenden Teppich. Wie lange er schlief konnte er später nicht mehr sagen, als er aber erwachte fühlte er sich, als hätte er eine Ewigkeit im Schlaf verbracht. Doch es war noch immer Nacht, der Mond stand voll und leuchtend am Himmel, so wie er ihn zuletzt gesehen hatte.

Verwundert sah er sich um. Alle drei Räume waren mit prächtigen Woll- und Seidenteppichen ausgeschmückt.

„Oh Allah", rief er aus, „welch Zauber bin ich unterlegen?"

Samiras Lachen klang heiser, als sie aus der Dunkelheit zu ihm trat. Hassan-Ali fiel auf die Knie, nahm ihre Hand, die klein und zart war, und bedankte sich ehrfurchtsvoll bei dieser Frau.

„Nimm diesen Teppich, flieg zurück in deine Heimat, und lebe von nun an glücklich und zufrieden", ihre Worte klangen wie ein Befehl. Der Teppichhändler gehorchte, setzte sich auf den Teppich und floh aus dem Palast.

Samira schaute ihm sinnend nach, als er durch die Nacht von dannen flog, dann huschte sie wie ein Schatten durch die Räume, suchte ihren Bruder und fand ihn, wie all die anderen Nächte, schlafend in seinem Bett. Beruhigt und zufrieden lächelnd schwebte sie hinaus, empor zu den Sternen, in die Ewigkeit.

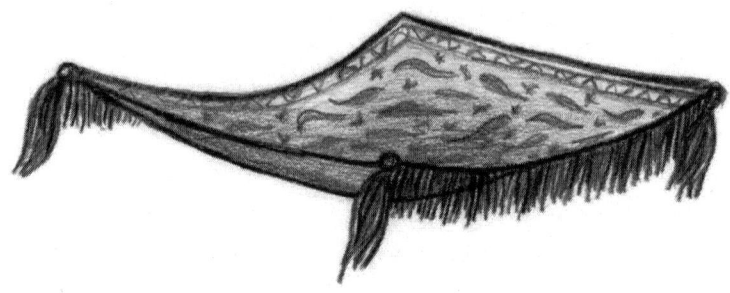

Sternentee

Es geschah vor undenklichen Zeiten in Persien. In dem Gewimmel des Basars, inmitten von Händlern, Käufern und Straßenkünstlern, rannte der Straßenjunge Bashar. Er lief ohne nach vorne zu schauen, stolperte und landete schließlich mitten in einem Berg von Schüsseln, Schalen, Tassen und Tellern. Es polterte und krachte.

Der Junge lag wie benommen in den Scherben. Erst nach einem Moment verstand er, dass er gerade ein Vermögen zerstört haben musste. Bashar war ganz starr vor Schreck, da packte ihn eine große Hand am Kragen.

Der Junge wand sich, aber konnte sich aus dem eisernen Griff nicht befreien. Eine Stimme polterte auf ihn nieder.

„Was hast du getan? Was fällt dir ein? Kannst du nicht aufpassen? Das wirst du teuer bezahlen, Junge!"

Mit angstgeweiteten Augen starrte Bashar nach oben und erblickte zornige, schwarze Augen über einem gewaltigen, grauen Bart. Der Mann, der ihn gepackt hielt, schien von weither zu kommen, denn er trug Kleider, wie Bashar sie noch nie gesehen hatte. Auch sprach er mit einem, dem Jungen unbekannten, Akzent.

„Ich bringe dich jetzt zu deinem Vater. Er soll mir für dein Missgeschick bezahlen!"

„Mein Vater ist verstorben, Herr. Er kann Euch dafür nicht bezahlen. Ich will aber alles tun, um Euch den Schaden zu ersetzen."

Der große Mann sah die Angst in Bashars Augen und er wusste, dass der Junge die Wahrheit sprach. Er überlegte einen Moment, dann wurde sein Griff noch fester. Er hob Bashar hoch und setzte ihn unsanft auf seinen Wagen. Dann sammelte er die noch brauchbaren Stücke aus dem Scherbenhaufen auf und lud sie ebenfalls auf den Wagen.

Alles ging so schnell, dass Bashar gar nicht begriff, was geschah. „Wohin fahren wir?", fragte der Junge vorsichtig.

„Nirgendwohin", war die kurze Antwort, die er bekam.

Bashar hatte Angst, aber er wagte es nicht, aufzubegehren. Erst als der Wagen die Stadtgrenze hinter sich gelassen hatte, fragte der Junge erneut. „Soll ich für Euch arbeiten? Wann werde ich zurückkehren?"

Der große Mann blickte ihn nicht an, während er ihm Antwort gab. „Du wirst alles abarbeiten, was du zerstört hast. Da du sicher nichts gelernt hast, wird deine Arbeit nicht viel wert sein und daher wird es lange dauern, ehe du wieder frei deiner Wege ziehen kannst."

Bashar schluckte, aber die Worte leuchteten ihm ein. Er war nur froh, dass er damit vor Schlägen bewahrt wurde.

Als sie gegen Mittag in einem Dorf hielten, schenkte der Mann ihm den besten Tee ein, den er je getrunken hatte. Der Mann hatte ihn aus seinen Vorräten selbst zubereitet. Nach nur ein paar Schlucken dachte der Junge langsam, dass es vielleicht gar nicht so schlecht sei, mitzufahren. Während der Alte seine beiden Pferde tränkte, ließ Bashar sich auch noch Feigen und Datteln schmecken und genoss begeistert ein weiteres Glas des unvergleichlichen Tees.

Nach dem Essen verkauften sie noch ein paar Waren auf dem Markt, dann fuhren sie tagelang immer weiter gen Osten.

In allen Siedlungen boten sie die Waren an und nach etwa einer Woche war der Wagen leer, denn Bashar hatte bei seinem Sturz die meisten Stücke zerstört.

Mit Sorge betrachtete der Junge die leere Körbe im Wagen. Den Mann, dessen Name Hassan war, wie Bashar inzwischen wusste, schien dieser Warenmangel nicht zu kümmern. Er fuhr jetzt längere Strecken ohne zu halten.

Sie machten nur noch drei Pausen am Tag, um die Pferde zu versorgen und um selbst schnell etwas zu essen.

Nach weiteren zwei Wochen passierten sie die Grenze zu einem kleinen Emirat. Sie fuhren direkt in die Hauptstadt ein. Bashar blickte sich überall bewundernd um. Hier sah alles ganz anders aus, als er es kannte. Dies war ein Ort, von dem Bashar noch nie etwas gehört hatte.

Die Menschen trugen zwar auch hier wunderschöne und farbenfrohe Kleider, aber sie waren feiner bestickt und von wahrlich edler Qualität.

Schließlich hielten sie an der Rückseite eines Palastes an, und Hassan befahl Bashar auf den Wagen aufzupassen, während er selbst, hinter einer großen Steinmauer, ins Innere verschwand.

Bashar wartete eine halbe Ewigkeit und war schon leicht eingenickt, ehe Hassan mit zwei anderen Männern aus dem Tor trat. Sie alle trugen schwere Körbe mit kostbarem Geschirr und luden es auf den Wagen.

„Mach dich nützlich! Hilf uns tragen!", raunte Hassan dem Jungen zu. Bashar eilte sofort durch das große Steintor und betrat einen atemberaubend schönen Garten.

Hier gab es Blumen und viele blühende Sträucher. Riesige rote Blüten entsprangen großen Büschen von dunklem Grün. Unbekannte Düfte stiegen Bashar in die Nase und er war wie berauscht. Als er gerade wieder mit einem großen Korb aus dem Haus in den Garten trat, vernahm er eine unsagbar süße Stimme. Bashar konnte die Worte nicht verstehen, aber er war ganz benommen.

Verzaubert schaute er sich um, aber egal wie oft er auch vom Wagen zum Haus hin und zurück ging, nie entdeckte er, wem die Stimme gehörte. Als alles verladen war, machten sie sich wieder auf den Weg.

Bashar lernte in den nächsten Jahren alles über Porzellan und Handel. Hassan begann den fleißigen Jungen mit der Zeit gern zu haben. Immer wenn sie keine Waren mehr hatten, fuhren sie zum Palast in dem fremden Land und luden ihren Wagen wieder voll. Jedes Mal suchte Bashar die bezaubernde Sängerin, sobald er ihre schöne Stimme

hörte. Aber nie konnte er sie entdecken.

Nach und nach entdeckte Bashar den Zauber des Tees. Mit diesem Tee hatte es eine merkwürdige Bewandtnis, aber Hassan verriet Bashar nie etwas über die Herkunft des Tees. Wann immer es Streit oder Ärger gab, lud Hassan die Menschen zu seinem Tee ein und wer ein paar Schlucke davon getrunken hatte, lenkte sofort zu Schlichtung und Frieden ein und aller Ärger wandelte sich in Harmonie. Magisch, aber Bashar konnte sich die Wirkung des Tees nicht erklären. Das Getränk roch so normal, wenn auch besonders gut, und selbst seine goldbraune Färbung ließ nicht ahnen, welche Wunder in ihm steckten.

Eines Tages, wieder vor dem Palast des Emirs, war Hassan neben Bashar in tiefen Schlaf gesunken. Bashar wollte ihn nicht wecken und ging allein zum Palast. Die Wachen am hinteren Tor des Palastes ließen ihn hinein, da sie ihn schon kannten.

Als er gerade das Haus betrat, hörte er wieder die zarte, süße Stimme singen. Während der letzten sieben Jahre, die er bei Hassan gearbeitet hatte, war ihm die Sprache dieses Landes immer vertrauter geworden und so verstand er jetzt auch die Worte der Sängerin. Sie sang von der Schönheit der Blumen und ihrem betörenden Duft. Bashar verstand, dass sie für die Blumen sang. Sie bedankte sich für ihr Wachstum, ihre reichen Gaben und die Freude, die sie ihr brachten. Dieses Mal wollte Bashar nicht aufgeben - er musste die Sängerin finden. Suchend blickte er sich um und plötzlich entdeckte er einen weiteren Zugang zum Garten. Von dort kam die Stimme. Vorsichtig betrat er den Garten. Was er dann sah, verschlug ihm den Atem: Ein liebliches Mädchen, von siebzehn Jahren, wanderte

verträumt zwischen Blumen und Sträuchern. Mit seinen Händen streichelte es sanft über die Blüten und Blätter der kostbaren Pflanzen.

Noch immer sang das Mädchen das wunderschöne Blumenlied und bei jedem seiner Schritte wippte das lange, schwarze Haar um seinen anmutigen Körper.

Nach einer Weile wagte er sich ein Stückchen vor, und um das Mädchen nicht mit groben Worten zu erschrecken, sang er leise den Refrain der leichten Blumenmelodie mit. Das Mädchen blickte sich überrascht um und öffnete leicht seinen kirschroten Mund, als es Bashar in seinem Blumengarten stehen sah. Die braunen Augen hatten sich geweitet und Bashar war sich sicher, noch nie in seinem Leben ein schöneres Mädchen gesehen zu haben.

„Fremder!", sprach das Mädchen, „Wer seid Ihr und wieso kennt Ihr mein Lied? Ich singe es nur meinen Pflanzen vor und sie haben es Euch sicher nicht verraten."

Als er seinen Namen gestottert hatte, berichtete er dem schönen Mädchen, wie er schon seit sieben Jahren nach ihr suchte, da der Gesang ihn gefangen genommen hatte. Er schwelgte in Worten und verglich die Schönheit des Mädchens mit derer der schönsten Blumen und mit den Himmelsgestirnen. Und den Klang seiner Stimme verglich er mit den hellsten Glocken und dem Fließen eines Baches im Frühling. Das Mädchen errötete leicht.

Zwischen all seinen begeisterten Liebesschwüren hörten sie plötzlich laute Schritte näher kommen. Das Mädchen wurde bleich, erschrak und ergriff Bashars Hand. Sie zog ihn hinter einen Busch mit wunderschönen Blüten.

Ihm wäre es in diesem Moment einerlei gewesen, selbst wenn sich vor ihm die Hölle aufgetan hätte. Er wollte nur

weiter diese zarte kleine Hand in seiner halten und ihre weiche Haut spüren. „Narjis! Narjis!", kamen drängende Rufe aus dem Palast. Bashar spürte den warmen Atem der jungen Frau. Als er vorsichtig Narjis weiches Haar berührte und sie den Kopf zu ihm erhob, küsste er sie. Von seinem Kuss errötet, trat das Mädchen einen Schritt zurück.

„Oh! Wenn mein Vater, der Emir, Euch hier findet, so wird er Euch töten lassen! Ich bin nie einem fremden Mann begegnet. Ich war immer im Palast und in diesem Garten. Mehr habe ich von der Welt nie gesehen."

Bashar verstand, dass der Emir seine Tochter vor der Welt verborgen hatte. „Komm mit mir! Ich werde für dich sorgen und dich behüten."

Narjis' Augen weiteten sich vor Überraschung.

„Die Wachen haben den Befehl, mich niemals heraus zu lassen." Ihre Worte waren nur noch ein Hauch. „Es gibt keine Möglichkeit für mich. Für uns. Ihr solltet jetzt gehen und mich vergessen und nie wiederkehren."

Bashar sah eine kleine, traurige Träne die liebliche Wange hinunterrollen. Er fing die Träne von Narjis mit einem seidenen Taschentuch auf, bevor sie den Boden berührte.

„Meine Schöne, ich werde immer an Euch denken und kann Euch sicher niemals vergessen. Ihr aber scheint hier gefangen und ich sehe noch keine Möglichkeit, Euch zu befreien, dennoch werde ich sicher für immer nach einem Weg suchen." Ein schweres graues Band legte sich um Bashars Herz und erfüllte ihn mit Traurigkeit.

Eines Tages wandte sich Hassan an ihn. „Du bist ein guter und fleißiger Junge und deine Schuld hast du lange schon bezahlt. Ich sagte dir bereits vor Jahren, dass du frei bist und mir nichts mehr schuldest, doch du bist geblieben. Du

hast mir guten Dienst erwiesen und ich bin dir dankbar, denn du machst mir meiner Tage Last leichter."

Bashar freute sich sehr das zu hören, aber er konnte nur an Narjis und ihr Gefängnis denken. Da sein Blick sich verdunkelt hatte, fragte Hassan besorgt, warum Bashar so traurig aussah. Er seufzte und erzählte dem alten Hassan über Narjis und sein Leid. Bashar erklärte, er würde lieber sterben, als mit der Gewissheit, Narjis nie wieder zu sehen, leben zu müssen. Hassan hatte ihm stumm zugehört.

„Lieber Sohn, ich will dir ein Geheimnis anvertrauen, weil ich weiß, dass du reinen Herzens und nicht nur auf dein Wohl aus bist. Du bist ein guter Mensch und wirst richtig handeln. So höre: Narjis ist schon lange sehr unglücklich. Es ist im Palast bekannt, dass des Emirs schöne Tochter, in sternklaren Nächten wie dieser, immer auf ihrem Balkon steht und ins Dunkel hinein weint. Ihre Tränen werden aufgefangen von einer Dienerin, die eines Tages durch Zufall erkannt hat, welche Macht die Tränen der schönen Prinzessin haben. Denn kochst du einen solchen Tee, der von ihren Tränen benetzt wurde und bietest ihn deinen Widersachern an, dann kannst du jeden Kampf gewinnen. Und die ganze Welt wird dir in Harmonie und Frieden gegenüber stehen."

Bashar hatte ihm angespannt zugehört. Er konnte es nicht fassen, dass all die Jahre, in denen er sich gefragt hatte, warum der Tee wohl diese sonderbare Wirkung hatte, die Antwort Narjis gewesen war.

„Narjis' Dienerin, mit der ich mich schon vor vielen Jahren angefreundet habe, schenkte mir ein wenig von dem Tee. Ich bekomme seither immer wieder einen Beutel von ihr, denn sie ist mir wohl gesonnen. Der Emir aber ahnt nichts

von der Kraft dieses besonderen Tees und seiner Herkunft. Er wundert sich nur, warum seine Tochter im Palast die Sternenprinzessin genannt wird, auch wenn er meint, ihr gebühre ein solcher Name. Ich habe von dem Sternentee nur noch wenig. Da du, statt meiner, im Palast gewesen bist, habe ich keinen neuen Tee erhalten und so ist mir nur ein Rest geblieben. Dieser Rest aber soll dir gehören. Mache du damit, was dir beliebt." Bashar lag noch lange wach, starrte in die Sterne hinauf und dachte nach, was er mit dem magischen Tee anfangen sollte.

Am Morgen, als Hassan erwachte, hatte Bashar schon die Sachen gepackt und war bereit zum Fahren. Als der alte Mann merkte, dass der Wagen zurück in die Stadt fuhr, lächelte er, aber er sagte nichts. Bashar lenkte den Wagen geschickt durch das bunte Treiben auf den Straßen der Stadt und hielt dann direkt vor der dem Haupteingang des Palastes. Hassan erschrak und wollte Bashar zurückhalten, aber er machte sich los, versicherte dem Alten noch, er wisse, was er täte und verschwand mit dem kleinen Rest Sternentee, den er in einem Beutel bei sich trug.

Am Tor hielt man ihn auf und wollte ihn nicht einlassen. Erst als er verlauten ließ, er habe ein besonderes Geschenk für den Emir und den bestickten Beutel zeigte, holte man einen Diener, der Bashar zum Emir führen sollte. Der Emir war ein alter, verhärmter Mann. Er hatte schon seit Jahren erkannt, dass alle seine Reichtümer ihm keine Gesundheit und kein ewiges Leben schenken konnten. Verbittert konnte er seither dem Leben nichts mehr abgewinnen.

Als er nun Bashar vor sich auf dem Boden sah, fragte er sich überrascht, warum ein junger Bursche es wagt, ihn zu behelligen, obwohl er weiß, dass es ihn seinen Kopf kosten

könnte. Schließlich richtete er das Wort an Bashar und fragte ihn donnernd, warum er gekommen sei.

Bashar verstand sich nach all den Jahren mit dem Händler vortrefflich darin, den Menschen weis zu machen, sie bräuchten etwas, das sie nicht brauchten, daher begann er nun von seiner Zauberkunst zu sprechen.

Er versprach dem Emir, ihn zu einem zufriedenen und glücklichen Menschen zu machen und der Herrscher lauschte gespannt. Nach einer Weile hatte Bashar den Emir überzeugt. Er wies seine Diener an, den jungen Mann in die Küche mitzunehmen, damit er seinen Tee zubereiten könne. Man möge ihm freie Hand dabei lassen. Bashar ließ das Wasser kochen und goss es dann auf den letzten Rest Tee, den er in die Kanne geschüttet hatte. Er war sich ganz sicher, dass die Wirkung des Tees verstärkt würde, denn er hatte ihm noch etwas zugesetzt, das nur er allein besaß.

Der Sternentee dampfte und neugierig schnupperte der Emir an der Kanne. Der Tee duftete normal, wenn auch besonders gut, aber er konnte nicht entdecken, worin die besondere Macht stecken sollte.

Als nun der Herrscher ein Glas getrunken hatte, überkam ihn ein nie gekanntes Glücksgefühl.

Er hätte die ganze Welt umarmen können. Strahlend sah er nun Bashar an, und während er ein weiteres Glas Tee trank, fing er an mit Bashar zu plaudern.

„Fremder, was kann ich für Euch tun? Ihr habt mir eine so große Gabe gemacht, welche mich glücklich und zufrieden machte. Wie aber kann ich Euch beschenken?"

„Gebieter, gebt mir Eure Tochter, die Prinzessin Narjis, zur Frau und Ihr habt meinen Dank auf ewig."

„Holt mir rasch meine Tochter Narjis!", befahl der Emir.

Als Narjis den Raum betrat, erblickte sie Bashar und war voller Furcht. Gleich würde ihr Vater Bashar packen und ihn sicher töten lassen. Der Emir aber erhob sich, kam mit einem strahlenden Lächeln auf sie zu und sagte, dass er sie dem Fremden zur Frau geben werde. Er beteuerte, dass diese Verbindung auch sein sehnlichster Wunsch sei und beide von nun an im Palast leben sollten.

Auf Bashars Bitte hin wurde Hassan, als Bashars Vater vorgestellt, gebeten im Palast zu leben und Hassan freute sich sehr, endlich einen Ruhesitz gefunden zu haben.

Die Hochzeit wurde noch am Abend gefeiert, da der Emir es nicht abwarten konnte.

Als Bashar und Narjis allein waren, berichtete er ihr vom Sternentee, dem sie mit ihren Tränen Magie eingehaucht und um dessen Existenz sie nicht gewusst hatte.

Bashar verriet nur seiner Frau Narjis das Geheimnis des besonderen Zusatzes, den er an diesem Tag in den Tee des Emirs gegeben hatte: Das Taschentuch mit Narjis' Träne hatte er mit dem Tee in der Kanne gekocht.

Sie sollten beide später überglücklich feststellen, dass dieser Zusatz im Sternentee die Wirkung so veränderte, dass der Emir bis zu seinem Ende ein glücklicher, zufriedener Mann blieb und er Narjis und Bashar aufrichtig liebte.

Das Wasser des Lebens

Von seiner siebenten Reise brachte Sindbad der Seefahrer seine wunderschöne Frau Farida mit nach Bagdad.

Dort lebten sie glücklich in einem großen Haus und bald schon gebar seine Frau ihm einen Sohn, den sie Ataallah nannten.

Jahre gingen ins Land und Sindbad sorgte als Kaufmann dafür, dass es seiner Familie an nichts fehlte. Doch wie es so zugeht in der Welt, waren ihm nicht alle Menschen wohl gesonnen. Unter all den Kaufleuten Bagdads gab es einen Mann, namens Numair, der ihm seinen Wohlstand, seinen Erfolg und auch seine schöne, junge Frau neidete. Und so beschloss Numair, Sindbad zu töten. Er lud ihn in sein Haus ein und bewirtete ihn mit vergifteten Feigen.

Bereits am Abend lag der große Sindbad im Sterben. Unter Krämpfen und starken Schmerzen nahm er Abschied von seiner Frau und seinem Kind. Farida weinte bittere Tränen und hielt verzweifelt seine Hand.

„Können wir denn nicht mehr für Vater tun?", wollte Ataallah wissen. Seine Mutter seufzte tief und meinte, wohl nur das Wasser des Lebens könne ihn noch vor dem Tode bewahren. „In meiner Heimat sagen die Menschen, der Brunnen, aus dem dieses Wasser fließe, befinde sich auf einem hohen, steilen Berg. Dort stehe er im Hofe eines

geheimnisvollen Schlosses. Nur sei es bisher noch keinem Menschen gelungen, den Berg zu ersteigen und das Schloss zu betreten. Wo sich dieser Berg aber befindet, konnte mir niemand sagen."

Ataallah bat seine Mutter, das Wasser des Lebens holen zu dürfen. Da er es sich gar nicht ausreden ließ, erlaubte sie es dann endlich. Der Junge packte schnell ein paar Sachen zusammen, küsste Mutter und Vater und machte sich auf den Weg.

Als erstes musste er die große, heiße Wüste durchqueren. Ataallah wusste selbst nicht wie, aber seine Füße trugen ihn immer weiter. Mitten in der Wüste bemerkte er auf einmal, zwischen all dem gelben Sand, einen Fleck - groß und dunkelbraun.

Als der Junge sich ihm näherte, sah er, dass es sich um einen riesigen Vogel handelte. Das muss der Vogel Rokh* sein, von dem Vater mir erzählt hat, dachte Ataallah.

Er ging vorsichtig näher an das Tier heran und plötzlich öffnete der Vogel seine großen, schwarzen Augen. Mit ungewöhnlich leiser Stimme erzählte er, dass er zu weit von seinem heimischen Nest abgekommen sei und sich verirrt habe. Ataallah erkannte, dass es sich um einen ganz jungen Vogel Rokh handelte, der jetzt kraftlos und völlig erschöpft vor ihm im Wüstensand lag.

Mitleidig öffnete der Junge seine Tasche und suchte die letzten Stücke trockenes Obst hervor. Mit diesen fütterte er den riesigen Vogel und flößte ihm auch noch einen Schluck Wasser aus seinem Trinkschlauch ein.

Während der Vogel Rokh sich kurz darauf erhob und mit gewaltigen Flügelschlägen in den Himmel stieg, rief der Vogel Ataallah zu. „Mein wahrer Name ist Shatrevar! Erin-

nere dich, wenn du einmal in großer Not bist, und ich werde dir helfen, so wie du mir geholfen hast!"

Als der Junge nun das Ende der Wüste erreicht hatte, kam er an den endlosen Strand des Meeres. Sein Vater hatte Ataallah zwar immer wieder vom Meer erzählt, aber so richtig hatte er es sich nie vorstellen können. Ihm fielen vor Staunen bald die Augen aus dem Kopf, denn so viel Wasser hatte er noch nie gesehen!

Wie er so in Gedanken den Strand entlang wanderte, trat er in eine kleine Wasserlache. Und als er nun nach unten blickte, nahm er ein winziges Fischlein wahr, das zappelnd in der Pfütze lag. Ataallah bückte sich, nahm den kleinen Fisch in die Hand und warf ihn zurück in das Meer.

Plötzlich wuchs der Fisch zu gewaltiger Größe an und ehe er untertauchte, vermeinte der Junge, im Rauschen der Wellen, eine Stimme zu hören. „Wer in den Spiegel sieht, dem wird die Wahrheit gezeigt. Wer reinen Herzens ist, erkennt sie auch."

Irgendwann erreichte Ataallah schließlich einen riesigen Olivenhain, der sich soweit erstreckte, wie das Auge des Jungen blicken konnte. Inzwischen war Ataallahs Hunger gewaltig geworden, denn sein letztes Obst hatte er ja schon vor langer Zeit dem Vogel Rokh gegeben. Aber der Olivenhain war von einer Mauer umgeben, die so hoch war, wie Ataallah selbst. Doch die Mauer schien nicht aus Lehm oder Steinen zu bestehen, sondern aus schillernden Schuppen. Da begriff er, dass der Hain von Thu'ban, dem Drachen, bewacht wurde, von dem seine Mutter ihm schon erzählt hatte. Und er beschloss, solange zu laufen, bis er den Kopf des Drachen fand, um ihn zu bitten, ihm Durchgang zu gewähren.

Lange bevor er dort angekommen war, hörte er ein lautes Heulen und Wimmern.

Das Gesicht des Drachen war schrecklich verquollen und seine Augen voller Tränen. Er habe die schlimmsten Zahnschmerzen der Welt, erklärte Thu'ban.

„Hilf mir, Ataallah, und reiße mir den faulenden Zahn aus dem Rachen!", bat ihn der Drachen.

Ataallah fürchtete sich schrecklich davor, in das riesige Maul Thu'bans greifen zu müssen, denn zu leicht könnte er seinen Arm verlieren oder mit Haut und Haar gefressen werden. Dann aber käme für seinen Vater jede Hilfe zu spät.

Trotzdem nahm er schließlich seinen Gürtel, knotete ihn am bösen Zahn des Drachen fest und zog diesen mit einem heftigen Ruck heraus. Dafür gewährte ihm Thu'ban den Durchgang durch den Olivenhain.

„Unter der Bedingung aber", sagte der Drache, „dass du keine einzige Frucht von den Bäumen essen darfst. Vom letzten Baum allerdings sollst du drei Oliven pflücken und mit diesen die linke Tür ölen."

Obwohl Ataallah nicht verstand, was der Drache damit meinte, tat er wie geheißen.

Völlig erschöpft kam Ataallah schließlich an einen Berg. Dieser so hoch war, dass der Gipfel völlig in den Wolken verschwand. Und der Junge fühlte, dass dies der Berg sein musste, auf dessen Gipfel das Wasser des Lebens zu finden sei. Doch wie sollte er hinaufkommen? Kein Weg und kein Steg führten nach oben. Der graue Fels war glatt und ohne Vorsprünge oder Risse, an denen er hätte nach oben klettern können. Völlig verzweifelt und entkräftet schlug er mit seinen Fäusten an den Stein.

„Shatrevar, große Vogel Rokh, hilf mir, wie ich dir geholfen habe!", rief er in den Himmel.

Er vernahm ein gewaltiges Rauschen und wenig später wurde er von großen Klauen gepackt. Der riesige Vogel war ihm zu Hilfe geeilt, trug ihn nach oben und setzte ihn auf dem Gipfel des Berges ab.

„Meine Schuld sollte damit beglichen sein. Lebe wohl, Ataallah, wir sehen uns bestimmt nie wieder!" Mit diesen Worten entschwand er nach unten in die Wolken.

Hier strahlte die Sonne noch gleißender und brannte weit unbarmherziger als in der Wüste. Ataallah schleppte sich stundenlang über heißen, weißen Stein und kam endlich an das, von einer hohen Mauer umgebene, Schloss.

Er fand den Eingang, doch versperrten drei Tore seinen Weg. Soviel er auch klopfte und an den Klinken rüttelte, keine der Türen öffnete sich für ihn. Schließlich fiel ihm der Rat des Drachen Thu'ban ein.

Er nahm die drei Oliven aus der Tasche und zerdrückte sie an den Angeln des linken Tores. Wie von Zauberhand sprang es sogleich auf und der Junge gelangte in den Hof des Schlosses. An der Wand des Schlosses fand er drei Brunnen vor, deren Wasser in große, steinerne Schalen sprudelte.

Wie sollte er jetzt nur den, mit dem Wasser des Lebens herausfinden? Er beschloss, von jedem der Brunnen einen Schluck zu nehmen und zu sehen, was passieren würde.

Als er sich über den ersten Brunnen beugte, erblickte er im Wasser sein Spiegelbild. Langsam begann das Bild zu zerfließen, und am Boden sichtbar, wurde ein bleicher Totenschädel. Ataallah schrak entsetzt zurück. Dies schien nicht das Wasser des Lebens zu sein!

Als er in den zweiten Brunnen blickte, gewahrte er irgendwann den Basar von Bagdad in seiner ganzen Pracht und Lebensfreude auf dem Grund. Dies könnte wohl ein Symbol des Lebens sein, dachte der Junge, war sich aber nicht sicher. Im dritten Brunnen spiegelte sich nicht sein Gesicht, sondern das lächelnde und junge Gesicht seines Vaters erschien ihm. Das musste der richtige Brunnen sein! Ataallah füllte seinen Trinkschlauch mit dem Wasser aus diesem Brunnen. Ob er sich etwas in dem prächtigen Schloss umsehen könnte, bevor er sich auf den Heimweg machte? Bestimmt gibt es da wundersame Dinge zu sehen, dachte Ataallah. Vielleicht wartet auch eine wunderschöne Prinzessin auf Erlösung.

Doch gerade als der Junge das Schloss betreten wollte, machte sich wieder seine Erschöpfung bemerkbar und so beschloss er, zur Stärkung, einen Schluck aus einem der drei Brunnen zu nehmen. Mit beiden Händen schöpfte er etwas Wassers aus dem mittleren Brunnen. Doch sobald das kühle Nass seine Lippen benetzte, dreht sich alles um ihn herum und ihm wurde ihm schwarz vor Augen.

Als er wieder zu sich kam, stand er auf dem Marktplatz seiner Heimatstadt Bagdad, nur wenige Schritte vom Haus seiner Eltern entfernt. Gerade noch rechtzeitig konnte er am Lager seines Vaters niederknien und ihm das Wasser des Lebens reichen.

Sindbad war bald wieder genesen und lebte noch viele Jahre glücklich und gesund mit seiner geliebten Farida und Ataallah, seinem tapferen Sohn.

Numair aber verschwand aus der Stadt und niemand hat ihn jemals wieder dort gesehen. Es geht die Rede unter den Menschen, der Thu'ban hätte ihn geholt.

Wüste und Rose

An einem weit entfernten Ort lebte eine Wüste. Es war eine mächtige, große Wüste. Groß und weit.

Die Wüste selbst wusste nicht, wie sie so groß geworden war, vor langer Zeit war sie kleiner, viel kleiner, aber daran konnte sie sich kaum erinnern. Und je größer die Wüste wurde, umso wüster wurde sie, und je wüster sie wurde, umso mehr mieden sie alle. Das war der Wüste aber egal. Sie brauchte niemanden, sie war groß, stark und mächtig. Manchmal des Nachts aber, war die Wüste einsam, und das machte sie ein wenig traurig, nicht viel, nur ein wenig. Doch wurde dies mit jedem Mal weniger, je größer und wüster sie wurde.

Eines Tages breitete sich die Wüste wieder aus, eroberte ein kleines Stück Wiese. Und nahe dieser Wiese sah sie plötzlich eine wunderschöne, rote Rose. Eine tanzende Rose. Die Wüste sah der Rose beim Tanzen zu, sah deren wunderbare Bewegungen im Rhythmus des Windes.

Sie war gefesselt von der Rose, spürte Gefühle, die sie noch nie, oder vielleicht schon lange nicht mehr, verspürt hatte. Und in dieser Nacht konnte die Wüste nicht schlafen. Ihre Gedanken waren nur bei der Rose. Auch die Rose hatte die Wüste bemerkt. Sie spürte die Blicke und war geschmeichelt. Die Rose war jung und das Fremde und die Macht der Wüste interessierte sie, machte sie neugierig.

So geschah es dann, dass sich die beiden trafen und trotz ihrer Verschiedenheit, oder vielleicht gerade deswegen, begannen sie sich in einander zu verlieben.

Alle um sie herum waren gegen diese Liebe, verstanden es nicht, und dies verstärkte ihre Liebe zueinander immer mehr, so lange, bis sich die Rose entschloss in die Wüste zu ziehen, um gemeinsam weiter zu leben.

Anfangs ging das auch gut, aber es dauerte nicht lange und die Rose verlor immer mehr an Farbe. Die Wüste war verzweifelt, wusste nicht, was sie machen sollte. Sie liebte die Rose, sie wollte sie nicht gehen lassen, auch wenn sie wusste, dass die Rose ohne Wasser sterben würde.

So lebten beide weiter. Die Rose wurde immer bleicher und verlor an Kraft, die Wüste selbst wurde nervöser und verzweifelter.

Die Zeit verging.

Eines Tages wollte die Wüste der neugierigen Rose eine Freude machen, ihr die Sternbilder zeigen und ihr all die Geschichten zu den Bildern erzählen. Als sie jedoch die Rose ansprach, befand sich diese bereits im Delirium.

Zusammengekauert, unbeweglich und unansprechbar lag sie da, keine Reaktion. Der Wüste wurde klar, so konnte es nicht weiter gehen.

Als die Wüste die sterbende Rose betrachtete, spürte sie, dass ihr die ganze Kraft und Macht nichts half. Sie musste die Rose retten, auch wenn sie damit das verlor, was sie am meisten liebte.

Sie bei sich zu lassen hieß sie zu töten, sie zu retten hieß sie zu verlieren.

So nahm die Wüste sacht die Rose und trug sie zu einer benachbarten saftigen Wiese.

Diese war überrascht die Wüste zu sehen und auch etwas ängstlich und verärgert.

„Was willst du Wüste, hast du vor mir das Leben schwer zu machen, oder weshalb bist du sonst hier?"

„Nein Wiese, habe ich nicht vor, ich bitte dich diese Rose bei dir aufzunehmen und für sie zu sorgen. Solange, bis es ihr wieder gut geht und sie selbst leben kann."

Die Wüste kniete vor der Wiese nieder und streckte ihr das kranke Blümchen entgegen. Ihre Stimme wirkte weder mächtig noch stark. „Ich bitte dich, Wiese, nicht für mich, mach es für sie."

Die Wiese war erstaunt, so hatte sie die Wüste noch nie erlebt. Behutsam nahm sie die Rose entgegen.

„Für sie tue ich es, liebe Wüste, und nicht für dich. Aber ich verlange ein Versprechen von dir, bevor ich das kranke Geschöpf aufnehme."

„Was verlangst du von mir?"

„Du lässt mich und meine Verwandten in Ruhe, nur dann erfülle ich dir den Wusch."

„Ich verspreche es dir, sorge nur gut für meine Rose."

So nahm die Wiese die kranke Rose auf und die Wüste zog sich zurück. Anstatt zu schlafen, weinte die Wüste die ganze Nacht, so wie sie es manchmal in früheren Zeiten gemacht hatte, als sie noch Freunde hatte und nicht so wüst war. Die vielen Tränen aber formten sich zu kleinen Flüssen, die sich in der Mitte trafen und sich zu einem kleinen See formten.

Rund um den See begann feines Gras zu sprießen.

Nach einigen Tagen, die Rose hatte sich erholt, trafen sich die beiden zufällig. Die Wüste war nicht mehr stark und mächtig, nein, sie war auch nicht mehr so wüst.

Vielmehr war sie ein karges Grasland geworden.

„Du siehst wunderschön aus meine liebe Rose. Sieht so aus als geht es dir wirklich gut."

„Danke, es geht mir gut ja, aber das Wichtigste fehlt mir."

„Schwer vorzustellen, du wohnst jetzt bei einer starken, saftigen Wiese, und wenn ich mir so deine gesunde Farbe betrachte, nein liebe Rose, besser kann es dir nirgends gehen."

„Ja, die Wiese hat mich gut behandelt, aber..." Die Rose wurde noch roter, als sie schon war. Es fiel ihr sehr schwer weiter zu reden. „Du fehlst mir, deine Liebe fehlt mir."

Sie senkte den Kopf. Abermals kullerten Tränen aus den Augen der Wüste. Sanft nahm sie die Rose in ihre Arme. „Ich liebe dich, meine kleine Rose. Ich will dich nicht mehr verlieren. Ich bin nicht mehr mächtig und stark, aber ich bin auch nicht mehr so wüst wie früher, und ich kann dich trotz meiner Schwäche ernähren. Willst du es noch einmal probieren?"

Die Wüste und die Rose waren nun wieder beieinander. Sie führten kein Leben in Reichtum oder Macht, eher ein karges Leben, aber ihre Liebe reichte, um Unmögliches Möglich zu machen, und nichts konnte sie mehr trennen.

Der Herr der Schlangen

Vor langer Zeit lebte im fernen Orient Achund Mussa. Er war ein äußerst gelehrter Mann, der die nötigen Mittel besaß, um sich von Sonnenaufgang bis Sonnenuntergang mit dem Koran zu beschäftigen und eigene Forschungen anstellen zu können. Eines Tages stieß er beim Lesen auf eine Sure*, deren Wortlaut ihm Rätsel aufgab. Das weckte seine Neugier, und er ließ nicht nach, die Bedeutung zu ergründen.

Nach monatelangem Forschen kam Achund Mussa zu dem Schluss, dass es sich um eine Sure handeln müsse, die – wenn man sie ständig las und verinnerlichte – einem Menschen die Macht verleihen würde, alle Schlangen dem eigenen Willen untertan zu machen.

Obwohl Achund Mussa ein gläubiger Moslem war, konnte er sich der Begierde, über die Schlangen zu herrschen, nicht entziehen. Also las er ab sofort nur noch diese eine Sure.

So kam es, dass er, nach nicht allzu langer Zeit, Herr der Schlangen wurde. „Formt für mich eine Liege aus euren Leibern, denn ich bin müde und möchte ein wenig ruhen." Freudig erregt von seinem erzielten Erfolg befahl er dies, nach einem köstlichen Mahl, den Schlangen. Unverzüglich kamen seine neuen Untertanen dem Wunsch nach.

Die größten und kräftigsten ihrer Art bildeten das Gestell,

die anderen flochten sich so zusammen, dass sie eine buntschillernde Auflage ergaben, auf der sich Achund Mussa zufrieden ausstreckte. So ruhte er einige Stunden.

Die weichen Körper und das sanfte Wiegen der Schlangen hatten ihn so gut schlafen lassen, dass er ihnen befahl, auch für die Nacht ein Bett für ihn zu bereiten. Die Tiere taten erneut, was ihr Herr von ihnen verlangte.

So vergingen die Wochen. Aus Wochen wurden Monate, und aus Monaten schließlich viele Jahre, in denen die Schlangen ihrem Gebieter ohne Murren gehorchten.

Eines Tages aber kam Unruhe unter ihnen auf. Die Kobra wollte den täglichen Frondienst nicht mehr ertragen.

„Wer gibt den Menschen das Recht, uns auf diese Art zu benutzen? Sind wir nicht ebenfalls Allahs Geschöpfe und haben wir nicht die Freiheit zu leben, wie es unserer Art entspricht? Warum wehren wir uns nicht?"

Die anderen nickten zustimmend, denn sie waren es schon lange leid, sich ständig dem Willen des Achund Mussa unterzuordnen.

„Wie können wir uns denn wehren?", fragte die Python. „Ihr wisst, dass unser Meister gegen unsere Bisse gefeit ist. Er braucht nur gleich ein wenig Spucke auf die Bisswunde streichen und unser Gift kann ihm nichts anhaben. Wir müssen einen anderen Weg finden!"

Daraufhin versanken alle in tiefes Nachdenken. Solange bis die Mamba sich aufraffte. „Ich weiß einen Weg! Habt ihr nicht bemerkt, dass unserem Herrn etwas entgangen ist? Er hat übersehen, sich die wendige kleine, besonders giftige Mangrei untertan zu machen. Sie wollen wir um Hilfe bitten."

„Selbstverständlich werde ich euch helfen", sagte Mangrei.

„Ich habe sogar einen Plan, wie ich vorgehen kann, denn ihr tut mir schon seit langem leid. Ich werde mich, wenn sich Achund Mussa zur Ruhe begeben hat, in einem seiner gestickten Pantoffeln verstecken. Wenn er am nächsten Morgen in sie hineinschlüpft, beiße ich zu. Noch bevor er den Biss mit Spucke bestreichen kann, ist er tot; denn der Weg der Hand, vom Mund bis zum Fuß, ist lang!"

Und so geschah es. Das war das Ende des Achund Mussa. Es war Allahs Strafe dafür, dass er sich gottgleich die Tiere hatte untertan machen wollen.

Der schreckliche Tod des Achund Mussa verbreitete sich wie ein Lauffeuer im ganzen Land.

Die Menschen bekamen Angst, denn sie fürchteten die Rache der Schlangen. Seit dieser Zeit, bis zum heutigen Tag, ist es Brauch, die Schuhe auszuschütteln, bevor man sie anzieht.

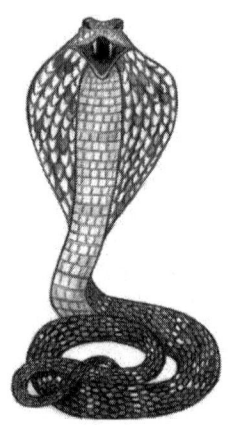

Der Sandkalif

Vor langer Zeit gab es eine große Wüste. Die Sonne brannte dort den ganzen Tag unerbittlich auf den weißen Sand und des Nachts wurde es furchtbar kalt. Kaum ein Mensch wagte es, auch nur einen Fuß in die von Bergen umschlossene Ebene zu setzen, denn jeder wusste um die Schrecken, die dort lauerten. Hunger, Durst, Hitze und Kälte warteten auf die unvorsichtigen Seelen, die sich in die Wüste begaben. Doch das war noch nicht alles, denn wilde Tiere und giftige Schlangen warteten zwischen den Dünen und stürzten sich auf alles Lebende. Und wer es doch schaffte, sich länger als einen Tag durch den Sand zu bewegen, der verirrte sich hoffnungslos und fand nie mehr aus der Wüste hinaus. Die Menschen nannten diesen Ort „die große Leere" und erzählten sich abends am Feuer die schrecklichsten Geschichten über jene, die sich dort zwar hinein gewagt hatten, aber nie wieder zurückkehrten.

Vor der großen Leere, genau am Eingang zur Wüste, lag das Kalifat Barmaul. Es war sehr klein, aber die Äcker brachten reiche Ernte und den Menschen ging es gut.
Barmaul wurde weise regiert vom Kalifen Al-Hakim, dem Großmütigen. Der Kalif hatte neun Frauen und sehr viele Söhne und Töchter. Eine der Töchter, die schöne Aischa, liebte er besonders.

Auch dem Volk mangelte es an nichts, doch es gab eine Sache, über die der Kalif sich ärgerte: Da sein Reich tief im Landesinneren lag, mussten Handelsgüter mit Karawanen über weite Strecken gebracht werden.

„Wenn doch nur die große Leere nicht wäre", so pflegte der Kalif bei jeder Gelegenheit zu sagen. „Die Karawanen könnten mindestens drei Wochen Zeit sparen, müssten sie nicht um die Wüste herumreisen."

Eines Tages wurde der Kalif krank. Viele Heiler, Magier, Hakims* und Derwische* kamen zum Kalif, um die Leiden zu lindern, aber keiner konnte ihm helfen.

Da kam ein Weiser aus fernem Land und berichtete. „Es gibt eine Wüstenblume, diese Blume hilft gegen jede Krankheit. Die Derwische erzählen, dass sogar ein Toter auferstehen kann, wenn ein paar Tropfen Blumensaft ihm in den Mund einfließen."

„Wo wächst diese Wüstenblume?", fragte Kalif Al-Hakim schwach.

„Die Wüstenblume wächst in einer Oase, die inmitten der großen Leere liegt. Ihre Blüten sind gelb wie Wüstensand und groß wie bei einer Tulpe."

Viele Menschen wurden in die Wüste geschickt um die Blume zu suchen, aber keiner kam jemals zurück.

Eines Tages versammelten sich die Kinder des Kalifen, denn sie machten sich zu Recht Sorgen um ihren Vater.

„Ich werde in die Wüste gehen und die Blume suchen", sagte Prinzesin Aischa mit fester Stimme.

Die Geschwister schimpften mit der Prinzessin, sie würde dem Vater nur noch mehr Kummer bringen. Doch Aischa hörte nicht auf den Groll der anderen und zog sich in ihre Gemächer zurück.

Sie packte entschlossen ein kleines Bündel, zog sich ein derbes Reisegewand an und verließ heimlich den Palast.

Im silbrigen Licht des Mondes lief sie lautlos und schnell durch die Gassen der Stadt, bis sie das Tor erreichte und Barmaul den Rücken kehrte. Aischa betrat die Wüste und wanderte mutigen Schrittes durch den Sand.

Als die Sonne aufging, drehte sie ihr Gewand um, denn es war dort von silbrigen Fäden durchwirkt und reflektierte die heißen Strahlen.

Immer weiter fort von Barmaul führte sie ihr Weg. Als der Tag sich dem Ende entgegen neigte, konnte sie hinter sich die Stadt nur noch als winzigen Punkt in der Sonne glitzern sehen.

Nachts rastete sie an einem Lager, dass sie sich notdürftig, aus mitgebrachten Sachen aus ihrem Bündel, errichtete.

Noch immer ohne rechte Idee, wo diese geheimnisvolle Oase liegen konnte, fürchtete sie sich dennoch nicht. Sie vertraute einfach darauf, dass ihr das Glück hold sein und die Lösung sich in den sandigen Weiten verstecken würde. Doch auch am zweiten Tag konnte sie nichts entdecken.

Die Sonne brannte noch unerbittlicher. Aischa bemerkte, dass ihr einige hungrige Kojoten folgten und am Himmel über ihr kreisten Geier. Dennoch wanderte sie weiter und beschritt, Düne für Düne, die große Leere.

Als der dritte Tag anbrach, wurde Aischa unsicher. Ihr Wasserbeutel war beinahe leer und ihr blieb nur noch ein wenig Brot. Auch ihre Kraft neigte sich dem Ende zu, denn jeder Schritt durch den Sand war anstrengend.

Zur Mittagszeit stand die Sonne am höchsten und ihre versengenden Strahlen ließen die Luft um Aischa flirren.

Die Prinzessin sank auf ihre Knie, grub die Hände in den heißen Sand und schaute auf eine gewaltige Düne, die sich vor ihr auftat.

„Hör mir zu, Wüste", sagte sie mit ruhiger Stimme. „Ich will dir nichts tun. Aber mein Vater ist krank. Ich brauche die Wüstenblume. Also hilf mir bitte!"

Der Klang ihrer Stimme zeigte Aischa, wie hoffnungslos ihr Unterfangen die ganze Zeit gewesen war. Sie fühlte sich einsam und eine tiefe Sehnsucht nach dem Schutz des elterlichen Palastes breitete sich aus.

Zum ersten Mal glomm in ihr die Furcht auf, der großen Leere zum Opfer zu fallen. Eine einzelne Träne stahl sich aus ihrem Auge und rann an ihrer Wange herab, bis sie schließlich leise platschend auf den Boden aufschlug. Der trockene Sand saugte die Träne gierig auf.

In diesem Moment kam plötzlich ein Sturm auf, der den Sand über der großen Düne zu einer Windhose formte. Sie drehte sich und wirbelte genau auf Aischa zu.

Die Prinzessin schützte sich, indem sie den Ärmel ihres Gewandes vor ihr Gesicht hielt. Doch so schnell, wie der Sandsturm aufgekommen war, legte er sich auch wieder. Als Aischa den Arm sinken ließ und aufblickte, stand ein junger Mann vor ihr. Er war groß gewachsen und von stattlicher Statur. Seine Haut hatte die Farbe des Sandes und mit großen, dunklen Augen schaute er sanftmütig auf die Prinzessin. Er hielt ihr die Hand hin und half ihr auf die Beine.

„Wer seid ihr?", wollte Aischa wissen.

„Ich bin Luqman", sagte der Mann, mit einer Stimme, die wie Musik klang. „Ich habe eure Worte gehört und euer Leid hat mich bewegt. Deshalb bin ich gekommen."

Aischa nannte Luqman* ihren Namen, verriet jedoch nicht ihre hohe Herkunft. Zu oft war sie von den Wachen bei Hofe gemahnt worden, dass allerlei böse Menschen nur darauf warteten, eine schöne Prinzessin zu entführen.

„Ich bin so schrecklich durstig und mein Wasser ist zur Neige gegangen", klagte Aischa dem jungen Mann ihr Leid. Er nickte und führte sie, gestützt auf seinem starken Arm, um die große Düne herum. Auf der anderen Seite wartete, einem Wunder gleich, eine Oase. Aus einem Fels drang eine Quelle und frisches Wasser ergoss sich in einen

herrlich klaren See. An seinem Ufer wuchsen Palmen, die reife Datteln trugen. Feigenbäume ächzten unter der Last der Früchte, die auf ihnen wuchsen. Es gab unzählige Blumen, deren Duft sich verführerisch mit dem Geruch des Wassers vermischte.

Aischa schaute sich um, sie suchte die Wüstenblume, aber sah sie nicht. Die Prinzessin seufzte, lief dann los, um sich an der Quelle zu laben. Luqman reichte ihr einen Teller mit Früchten, die alle süß und köstlich waren. Nachdem sie reichlich gegessen und getrunken hatte, wurde sie schläfrig.

„Ruhe dich aus, kleine Aischa", sagte Luqman und richtete ihr ein Lager in der Nähe der Quelle. „Hier wird dir kein Leid geschehen und dein Schlaf wird erholsam sein."

Obwohl sie noch ein wenig misstrauisch dem Fremden gegenüber war, konnte sie kaum die Augen aufhalten und sank auf das Lager aus weichem Gras und Blumen.

Als sie wieder erwachte, war es gerade später Mittag. Sie schaute sich um und fand den jungen Mann am Rande der Oase. Er beobachtete den Sand und sang ein Lied in einer eigentümlichen Sprache, die Aischa noch nie gehört hatte. Über ihm kreisten die Geier und zu seinen Füßen ruhten Schakale, Schlangen, Skorpione und anderes Getier der Wüste. Keines der gefährlichen Geschöpfe schien den Mann zu bedrohen oder beißen zu wollen.

Als Luqman Aischa bemerkte, hörte er auf zu singen und alle Tiere zogen sich sofort in die Weiten der großen Leere zurück.

„Wie kommt es, dass dir keines der Tiere etwas getan hat? Wie kannst du überhaupt in dieser unwirtlichen Gegend leben?", wollte die Prinzessin von ihm wissen.

Luqman nickte ihr zu und blickte sie sanft lächelnd an. „Ich bin hier geboren worden und ich habe mein ganzes Leben hier verbracht. Die Wüste ist mein Heim und alle Kreaturen und Pflanzen sind meine Freunde. Ich könnte mir keinen schöneren Platz vorstellen."

Aischa verstand nicht, was an dieser schrecklichen Einöde „schön" sein sollte, mit der brennenden Sonne tagsüber und der grimmigen Kälte nachts. Als sie es Luqman so sagte, lachte er laut auf. „Komm mit, ich zeige dir die Schönheit der Wüste."

Er nahm ihre Hand und führte sie durch den endlos scheinenden Sand. An einem großen Kaktus blieb er mit ihr stehen. Die beiden warteten schweigend eine Weile. Dann sah Aischa, wie kleine Vögel um ihn schwirrten und sich an den Blüten des stacheligen Gewächses labten. Sie waren dabei so verspielt, dass die Prinzessin laut lachen musste.

Sie wanderten weiter, bis sie an ein paar Felsen kamen. Hier hatte sich ein Schakal versteckt. Der hatte einen Wurf Jungen, die gierig die Milch ihrer Mutter tranken. Der Schakal blieb dabei ganz ruhig liegen und wartete geduldig, bis auch das letzte Junge satt war.

Danach zeigte Luqman ihr einen flachen Stein im Sand, auf dem zwei Echsen einen Liebestanz aufführten.

„Verstehst du nun, wie viel Leben und Schönheit es hier gibt, wenn man nur weiß, wo man schauen muss?", fragte der junge Mann, nachdem sie zu der Oase zurückgekehrt waren.

Am Abend aßen und tranken die beiden, bis es Zeit wurde zu schlafen. Aischa sank auf ihr Lager und schloss ihre Augen. Luqman blieb neben ihr sitzen und hielt Wache.

Am nächsten Morgen bemerkte der Mann eine Traurigkeit in Aischas Gesicht. Als er sie darauf ansprach, gestand sie ihm, dass sie die Wüstenblume für ihren kranken Vater suchte.

„Wo ist dein zu Hause?", wollte er von ihr wissen.

„Am Eingang zur Wüste, im Königreich Barmaul."

Luqman sagte, dass er den Saft der Wüstenblume besitzt und versprach ihr, sie nach Hause zu bringen. Er bat die junge Frau, sich an ihm festzuhalten und die Augen zu schließen. Kaum hatte sie das getan, als sich erneut ein Sandsturm erhob, der die beiden erfasste und hoch in die Lüfte trug. Aischa hatte Angst zu sterben und klammerte sich an den jungen Mann. Der aber lachte und versicherte ihr, dass sie sich nicht zu fürchten bräuchte.

Nach einer Weile legte sich der Sturm und beide wurden sanft zurück auf den Boden gelassen.

Als sie nun ihre Augen öffnete, war die Überraschung und Freude der Prinzessin groß. Sie standen am Stadttor von Barmaul.

„Komm, ich bringe dich zu meinem Vater", sagte sie und zog den jungen Mann mit sich.

Luqman lächelte, doch seine Augen blickten traurig.

Er hatte sich an die Gesellschaft von Aischa gewöhnt und wusste, dass er sie nun bald gehen lassen musste.

Die junge Frau lief in den Palast, um ihren Vater in die Arme schließen zu können. Sie fand ihn im Schlafgemach, wo er matt und bleich auf seinen Kissen lag. Er war nach Aischas Verschwinden noch kränker geworden und alle Kraft hatte ihn verlassen. Nun lag er im Sterben.

Prinzessin Aischa weinte und warf sich ihrem Vater an den Hals.

Luqman ging zu dem Kalifen und nahm ein kleines Fläschchen von seinem Gürtel.

„Hier, trink das", flüsterte er dem alten Mann zu und hielt ihm das Gefäß an die kalten Lippen. „Das ist der Saft der Wüstenblume."

Der Kalif, am Ende seiner Kraft, nahm einen winzigen Schluck der klaren Flüssigkeit und leckte sich die Lippen. Nach einem kurzen Moment kehrte Farbe in sein Gesicht zurück und er schlug die Augen auf. Sein Brustkorb hob sich, als er tief einatmete. Dann schaute er sich um und erblickte neben seinen anderen Kindern auch Aischa. Er richtete sich auf und schaute Luqman an. „Ihr seid ein Wundertäter."

Aischa berichtete dem Vater sofort, dass Luqman sie aus der Wüste gerettet und sie in den Palast zurückgebracht hatte.

„Ich danke euch, dass ihr meiner Tochter und auch mir geholfen habt, edler Fremder. Sprecht einen Wunsch und ich werde ihn euch erfüllen."

Doch Luqman blickte nur traurig auf die Prinzessin.

„Oh, ehrwürdiger Kalif, mit Gold oder Juwelen kann ich nichts anfangen. Und was mein Herz am meisten begehrt, könnt ihr mir nicht geben. Denn es muss freiwillig zu mir kommen. Ich wünschte mir, Aischa zur Frau nehmen zu können."

Da lachten die Söhne des Kalifen und der älteste Sohn trat vor ihn hin. „Aischa ist eine Prinzessin und nur einem Mann von hohem Rang ist es gestattet, sie zu Frau zu nehmen."

Aischa stand erzürnt vom Bett ihres Vaters auf und trat dem Bruder gegenüber.

„Verbeuge dich", wies sie ihn heftig an. „Du sprichst mit Luqman, dem Herrscher des Wüstenreiches. Ihm allein gehorchen Wind, Sand, Wasser und zudem alle Tiere in der großen Leere."

„Ist das wahr?", wollte Kalif Al-Hakim wissen und richtete sich an Luqman.

„Ja, so ist es", bestätigte der junge Mann.

„Dann bist du ein Kalif und mir ebenbürtig. Du wärest ein würdiger Ehemann für meine jüngste Tochter."

Aischa, die Luqman schon längst in ihr Herz geschlossen hatte, freute sich sehr seine Frau zu werden.

Nur drei Tage später wurde große Hochzeit gefeiert und der Bund zwischen den beiden wurde besiegelt.

Als Geschenk an den Vater der Braut versprach Luqman dem Kalifen Al-Hakim, eine Straße durch die Wüste, mit Oasen im Abstand von einer Tagesreise, zu errichten.

Aischa ging mit Luqman in die Wüste, wo er ihr einen prächtigen Palast baute.

Die beiden Kalifate lebten fortan in einem friedlichen Bündnis miteinander, und somit konnten alle Karawanen ungehindert durch den Sand ziehen.

Der Wanderer

Es war dereinst ein kleines Land, in dem ein gerechter Emir lebte. Das Volk war zu zufrieden, denn es gab viele fruchtbare Weiden. Der Emir lebte in einem stattlichen Palast und hatte eine Tochter, die schöner war als der Mond. Sein Nachbarland aber, das karg und trocken war, wurde von einem Sultan beherrscht, der schon oft mit neidischen Augen auf die Güter des Emirs geschaut hatte. Und schließlich plante er, sich all das, was seinem Reich nach seinem Dafürhalten fehlte, mit Gewalt zu nehmen.

Der Emir aber war stets ein kluger und vorsichtiger Mann; daher hatte er einige Spione im Reich des Sultans, welche die Lage beobachten sollten.

Als nun die Armee zusammentrat, die Waffenschmieden volle Auftragslisten hatten und allerlei Kampfübungen dort stattfanden, vermeldete einer der Späher die Sache dem Auftraggeber.

Der Emir wusste, dass er in einem Krieg wahrscheinlich unterliegen würde, denn seine eigenen Soldaten waren zahlenmäßig unterlegen und auch bei weitem nicht so grimmig wie diejenigen aus dem kargen Lande.

In seiner Not wandte er sich an Allah und bat um ein Wunder, das sein Reich retten möge. Und da man auch für Wunder selbst etwas tun muss, machte er bekannt, dass derjenige, der sein Emirat vor dem Zugriff fremder Mächte bewahrte, das halbe Reich erhalten sollte und obendrein seine Tochter Asmeena.

Dieser Tochter war es zwar nicht ganz recht, dass sie einen Mann, der vielleicht kein Edelmann sein würde, ehelichen sollte. Doch da es sich ja gewiss um einen Helden handeln würde, der in der Lage war einen Krieg zu gewinnen, oder abzuwehren, beruhigte sie sich.

Eine nicht geringe Zahl an Bewerber machte ihre Aufwartung am Hofe des Emirs. Doch alle verlangten von ihm auch umfangreiche Mittel, mit deren Hilfe sie sein Ansinnen verwirklichen wollten. Aber hätte der Emir eine gewaltige Armee, oder furchtbare Waffen gehabt, so hätte er sich ja selbst vor der Gefahr verteidigen können, anstatt seine Ausrufer ins Land zu schicken und seine Tochter als Lohn einzusetzen. Derweil meldeten die Spione immer mehr Anzeichen eines drohenden Überfalls.

Dem Emir wurde angst und bange, und er sandte seine Ausrufer nochmals aus. Doch niemand meldete sich mehr. Schließlich erschien ein Bettler am Tor des Palastes und begehrte Einlass. Zumindest hielten die Wachen ihn für einen Bettler, denn er war nicht reich gekleidet wie die Recken zuvor, sondern in einen schäbigen Burnus gehüllt. Doch sie hatten Befehl, jeden einzulassen, der sich auf die Bekanntmachung berief, und so gelangte er vor den Emir und dessen Tochter. „Ich bin nur ein gewöhnlicher Geschichtenerzähler und Wanderer", stellte er sich diesem vor. „Doch Eure Bekanntmachung, Behüter des Glaubens, drückte mögliche Not aus, und wer wäre ich, wenn ich Euch in der Not meine Hilfe versagte? Nicht mehr wäre ich wert als jene, die den schwarzen Fluss befahren und in der Unterwelt enden."

Dem Emir gefielen die Worte, denn der Mann hatte weder von Bedingungen noch von Lohn gesprochen, was bei den anderen meist das erste Anliegen gewesen war.

„Deine Hilfe nähme ich gerne an, denn das Land ist in Gefahr. Doch ich frage mich, da Du weder ein Schwert trägst, noch über den Reichtum verfügst, um dir Männer und Pferde leisten zu können, von welcher Art Deine Hilfe wohl sein mag."

„Um nichts weniger wird es gehen, als Krieg von Eurem Reiche abzuwenden, mächtiger Emir", gab der Fremde zurück, „und über meine Mittel muss ich schweigen, doch seid versichert, sie gründen sich nicht auf dunkle Magie oder andere Dinge, die Allah nicht gefällig wären. Wenn Ihr es wünscht, werde ich sie Euch hernach kundtun. Doch was soll ich mich jetzt ungetaner Dinge rühmen? Gelingt es mir nicht, gehe ich zugrunde; gelingt es mir aber, so sehen wir uns hier wieder, und ich werde Euch berichten."

Der Emir strich sich anerkennend über seinen Bart und stimmte zu. Da der Emir ein praktischer Mann war, war er froh, ohne weitere Ausgaben davongekommen zu sein.

Seine Tochter aber war verärgert. „Dieser Mann ist ein Bettler, und stattlich ist er auch nicht. Mich hast Du ihm versprochen? Eher würde ich mir die Hand abhacken, als seine Frau zu werden!"

„Sollte er das Land wirklich vor Krieg bewahren können, mache ich ihn zu meinem Wesir", überlegte der Emir, „und der Rang eines Wesirs ist wohl erhaben genug, um Dich zufriedenzustellen."

„Ein Bettler im Gewand eines Wesirs ist immer noch ein Bettler", gab Asmeena voll Verachtung zurück.

„Weder ein Titel noch gute Gewänder machen aus einem Dahergelaufenen wie ihm einen Edlen, genau wie ein Schakal mit einem Bart dennoch kein Weiser ist."

Der kluge Emir schwieg.

Der Fremde war derweil durch die Stadt gegangen. Von seinen letzten Münzen erwarb er zwei leere Säcke und so viele Räucherstäbchen, dass sie einen der Säcke ausfüllten. Der nächste Weg führte ihn danach zu einem Sumpf, der

zwischen den Viehweiden und dem gemiedenen Wald lag. Dort fing er so viele Frösche, dass sie den anderen Sack ausfüllten. So ausgerüstet, begab er sich heimlich in das Land des Sultans, stets den Wachen ausweichend, die sich zunehmend an der Grenze versammelten.

Als die Hauptstadt in Sicht kam, verbarg er die Säcke in den Hügeln vor der Stadt. Auf dem Basar fing er an mit den Leuten zu reden, Andeutungen zu machen und von Omen zu flüstern.

Als man ihn schließlich fragte, welche Zeichen das denn seien und wer er selbst überhaupt sei, erklärte er: „Ich bin ein Prophet, und ich sage euch, es liegt etwas in der Luft. Hört ihr es, spürt ihr es, riecht ihr es?" Die Anwesenden verneinten und sagten, alles wäre wie immer.

„Wie immer?", rief der Prophet offensichtlich fassungslos. „Wie könnt ihr denn glauben, die Welt sei wie immer, wenn selbst unser Sultan seine Gedanken von profaner Kleinlichkeit abwendet und plant, etwas Unfassbares zu erschaffen in der Wüste? Sind nicht die Musen der Künste selbst herabgestiegen, um ihn zu inspirieren? Will er nicht vielen von euch, vor allem den Handwerkern, zu guter Arbeit verhelfen? Die Veränderung ist nah, ich spüre sie kommen, sie liegt schon in der Luft!"

Mit diesen Worten ließ er das Volk verwirrt, doch mit freudiger Erwartung zurück. Propheten waren selten in jener Zeit, und Propheten, die gute Dinge ankündigten, noch seltener. Danach lief er mit Kreide in den Gassen umher, erzählte weiteren Einheimischen von den Dingen, die da kommen sollten, und prüfte die Windrichtung.

Kurz vor Toresschluss schlüpfte er hinaus und nächtigte in den Hügeln bis Sonnenaufgang.

Da er nun wusste, aus welcher Richtung der Wind in die Stadt wehte, suchte er sich einen Ort in den Hügeln, welchen die Brise auf ihrem Weg streifen würde.

Dort entzündete er, im Schutz von einigen Steinen, alles Rauchwerk, welches im ersten Sack enthalten war. Als dies zur Hälfte abgebrannt war, machte er sich abermals zur Stadt des Sultans auf und betrat sie durch ein seitliches Tor.

Als die Menschen ihn sahen, sammelten sie sich um ihn. „Oh großer Prophet", hieß es, „die ganze Stadt ist erfüllt von einem Wohlgeruch, den wir sonst nur aus Moscheen und Tempeln kennen. Ist dies das Zeichen, von dem Du sprachst?"

„Kein anderes", bestätigte ihnen der Wanderer. „Ich nahm das Zeichen schon gestern wahr, nun aber ist es so stark geworden, dass es sich jedem offenbart. Welche Omen mag es noch geben? Ich weiß nur, dass der Sultan dadurch auf den rechten Weg kommen wird."

Im Palast war der Geruch natürlich auch festzustellen, und der oberste Berater des Sultans war bereits beauftragt, der Sache nachzugehen.

Auf dem Basar fand er eine Ansammlung von Menschen, die um den Fremden geschart waren. Er hörte für einige Zeit zu und beschloss dann, ihn dem Sultan vorzuführen. Und so fand sich der Prophet kurz darauf, von einigen Wachen umringt, vor dem Herrscher wieder, wie es sein Plan gewesen war.

„Elender, was hast Du zu diesem Aufruhr zu sagen?", donnerte der Sultan los. Der Wanderer verneigte sich tief. „Oh weisester der Weisen! Ich bin nur der Geringste der Propheten, die gekommen sind, Euch zu preisen. Schätzt

Euch glücklich, dass nun endlich der Tag der Erfüllung angebrochen ist! Es sind Zeichen erschienen im Lande, die von einer Ära der Kultur und des Friedens künden. Omen an den Hauswänden bestätigen es, das Volk weiß es, man kann es im Flug der Vögel und im Lauf der Sterne sehen: Ihr werdet etwas bauen lassen, das kein Sultan, kein König und kein Kalif all dieser Ländereien vor euch je hatte, und dies wird das Zeichen Eurer Macht und Eures Ansehens sein. So wird man aus fernen Ländern zu Euch pilgern, um dieses Wunder zu sehen, und Euer Name wird auch in Jahrhunderten unvergessen sein."

Der Sultan aber, dessen Neid und Kriegstreiberei noch zu seinen geringeren Unarten gehörte, war misstrauisch.

„Wer sagt mir, dass Deine Worte nicht nur süße Phrasen sind, um mich mit Illusionen zu umgarnen und um mich von meinen Amtsgeschäften abzubringen?"

„Oh! Euer oberster Berater", erwiderte der Prophet rasch, „kann Euch sicherlich bestätigen, dass man im Volke von nichts anderem redet, und dass die Omen nachweisbare Substanz haben. Was den Flug der Vögel und den Lauf der Sterne angeht, da habt Ihr in Eurer Weisheit bestimmt schon eigene Einsichten gehabt."

„Gewiss, gewiss...", brummte der Sultan, der sein Lebtag noch nicht über den Flug der Vögel sinniert oder den Lauf der Sterne nachgemessen hatte. Er wandte sich an seinen Berater. „Wie steht es in der Stadt mit diesen Dingen?"

„Man hat mir berichtet", meinte dieser, „dass die Leute gemeinhin davon sprechen, es läge etwas in der Luft, und es heißt, Ihr würdet auf den rechten Weg geraten. Was aber die Omen angeht, so wurden mysteriöse Zeichen auf zahlreichen Türen, Hauswänden und Mauern gefunden."

„Das Volk glaubt also, ich sei noch nicht auf dem rechten Wege? Kritzeleien auf Mauern?!", rief der Sultan erbost. „Absolut lächerlich! Vorgeblicher Prophet, ich kann Deine Deutung nicht anerkennen. Verlasse den Palast, bevor ich Deine Fußsohlen auspeitschen lasse!"

„Alles wird sich richten, wie es Allahs Wille ist. Ihr werdet mich, Euren unwürdigsten Diener, bald wiedersehen, oh Befehlshaber der Befehlshaber, denn Ihr seid zu klug, um einen Rat in den Wind zu schlagen", gab der Wanderer zurück und entfernte sich.

Nun galt es für ihn, den schwierigsten Teil seines Planes umzusetzen, denn dass der kriegerische Sultan sich nicht von einigen Zeichen und einem Lufthauch von seinem Angriffsvorhaben abbringen lassen würde, war ihm von vornherein klar gewesen. Aber diese Maßnahmen waren notwendige Vorbereitungen für den nächsten Schritt.

So ging der Fremde durch die Stadt und sprach wiederum mit den Leuten. Manche wollten sich mit dem Propheten gut stellen und boten ihm ihre Gastfreundschaft, Wein, Früchte und andere Dinge an, aber er lehnte alles höflich dankend ab. Nur zwei Wanderstäbe für die Reise nahm er an. Danach spazierte er gemächlich zu den Hügeln, wo seine restlichen Habseligkeiten lagen. Das Räucherwerk war längst heruntergebrannt, und er bestreute die Asche mit Sand. In den Sack, in dem die Kräuter und Stäbchen gewesen waren, füllte er Steine.

Dann wandte er sich dem zweiten Sack zu. Die Frösche waren inzwischen alle eingegangen. Der Wanderer betete zu Allah, er möge doch dem Sultan den rechten Weg weisen, damit der Emir und sein Land in Sicherheit leben mochten.

So war es Abend geworden, und der Fremde zog mit seinen Stäben und den Säcken abermals in die Hauptstadt. Als er durch die Gassen nahe dem Basar ging, erkannte ihn ein einheimischer Gerber, mit diesem er am Nachmittag gesprochen hatte.

Neugierig fragte er nach. „Was schleppst Du so schwer an diesen Säcken? Hast Du sie gar vom Sultan erhalten?"

Der Wanderer seufzte. „Der Sultan mag ein mächtiger Mann sein, aber sein Herz ist hart, die Wege der Kultur und des Friedens zu beschreiten, scheint er noch nicht bereit. Ich sagte ihm, dass all sein Reichtum und selbst der Wohlstand seiner Untertanen nichtig sein werden, wenn er sein Reich durch Kriegszüge ins Chaos stürzt, aber er lachte mich aus. Um zu beweisen, dass ich unrecht hatte,

versprach er mir zwei Säcke voll Gold, die ich mir nun bei ihm abgeholt habe."

Der Gerber machte große Augen, und in ihnen blitzte ein Tausendstel des Neides auf, der dem Sultan innewohnte.

Der Wanderer seufzte abermals. „Wenn Du Zweifel an meinen Worten hast, dann überzeuge dich selbst. Doch hast Du nicht die Zeichen gesehen, die neue Luft gespürt?"

„Ja, schon", murmelte der Gerber, hin- und hergerissen zwischen Glaube und Gier.

„So erzähle den anderen, was ich gesehen habe. Aber ich sage Dir, wenn sich der Sultan nicht bald anders besinnt, wird Reichtum keinen Wert mehr haben", prophezeite der Fremde. „Hier, nimm diesen Sack und teile den Inhalt mit den anderen, bevor es zu spät ist."

Mit diesen Worten hielt er den ersten Sack dem Gerber hin, der ihn nur allzu gern nahm und damit verschwand.

Da huschte der Wanderer hurtig durch die nächtlichen Gassen und kletterte in der Nähe des Palastes auf ein Hausdach, das man von den Fenstern anderer Häuser nicht einsehen konnte, so hoch war es gelegen.

Dort verband er die beiden mehr als mannshohen Stäbe mit seinem Turban so, dass dieser in der Breite einer Hand zwischen ihnen gespannt war.

Dann wartete er, bis die Mitte der Nacht überschritten war. Endlich schnürte er den zweiten Sack auf und legte einen toten Frosch in die Stoffmulde zwischen den Stäben, und dann schleuderte er ihn, unterstützt von deren sinnreicher Hebelwirkung, weit über die Palastmauern, bis in die inneren Bereiche, wie die Gärten, die Balkone und die Treppen zu den Gemächern. Genauso verfuhr er auch mit den anderen Fröschen, bis der Sack leer war.

Schließlich zerlegte er die Schleuder wieder und wickelte den Turban neu. Danach stieg er vom Dach herab, begab sich in einen anderen Teil der Stadt und schlief dort in einem Hauseingang ein.

Am nächsten Morgen erfrischte er sich am Brunnen und ging dann zum Basar, wo schon die Wachen des Sultans nach ihm Ausschau hielten. Ohne auf das Gemurmel des erbosten Volkes zu achten, ergriffen sie den Fremden und zerrten ihn zum Herrscher.

Der Sultan ging nervös auf und ab, als der Prophet in den Audienzsaal geschleift wurde. „Was weißt Du über die Omen?"

„Omen?", fragte der Wanderer. „Zunächst, Großer Sultan, gestattet mir, Euch abermals zu begrüßen, so wie ich dies gestern Euch angekündigt hatte. Was die Omen angeht, so können diese sehr vielfältig sein: ein Flüstern im Wind, ein Gesicht im Wasser, ein Zeichen an der Wand, aber auch Heuschreckenschwärme, ein blutiger Himmel oder auch Frösche, die von selbigem stürzen ..."

„Frösche!", rief der Sultan. „Oh! Was hat es mit ihnen auf sich?"

„Sind sie lebendig, verheißen sie eine fruchtbare Ernte und Kindersegen. Sind sie aber tot, so entsprechen sie einer Warnung, dass Ihr bei gewaltigen Mächten in Ungnade gefallen seid."

„Eure Meinung dazu?" Der Sultan wandte sich an seinen Berater.

„Nun, es heißt tatsächlich in alten Texten, dass es großes Unheil bedeutet, wenn es tote Frösche regnet."

„Und eine andere Erklärung dafür gibt es nicht?", fragte der Sultan.

Nach einer langen Pause schüttelte der Berater den Kopf. „Im ganzen Land gibt es keine Tümpel mit Fröschen, so trocken ist es. Selbst der stärkste unserer Männer kann ein derartiges Tier nicht so weit werfen, dass es von außen bis an die Stellen gelangen könnte, wo wir diese gefunden haben. Ich habe das schon von einigen Soldaten prüfen lassen. Ich bedaure, Euch keine bessere Erklärung bieten zu können. Aber sie kamen wohl von weit oben."

Der Sultan wurde bleich. Er war sich seines Neides, seiner Gier und seiner Hartherzigkeit wohl bewusst. Er rang mit sich, aber die Last der Omen schien erdrückend.

„So sagt mir, Prophet", krächzte er schließlich, „welches soll das Wunder sein, dem ich mich widmen werde, dass ich wieder die Gnade des Allmächtigen erfahre?"

„Licht der Weisheit! Es wird ein Schiff sein, welches in der Wüste jenseits der Stadtmauern entstehen soll, ein großes, stattliches Segelschiff, mit Platz für zweihundert Männer. Baumeister und Handwerker ferner Länder, als auch Eures eigenen Reiches, werden zusammenkommen, um sich am Bau zu beteiligen. Euer Ruhm wird in aller Munde sein!"

„Ein Schiff in der Wüste?", fragte der Sultan verwirrt.

„Vorbild der Könige! Gedenket der Pyramiden, die uralt sind und von denen man selbst heute mit Staunen und Achtung kündet", führte der Prophet aus, „und dabei sind es Grabmale. Wollt Ihr durch ein Grab in die Geschichte eingehen - oder durch eine kühne Idee?"

„Aber warum ein Schiff?"

Der Fremde strahlte ihn an. „Weil, oh, Große Sultan, es noch niemand zuvor gewagt hat. Weil, die Idee zu groß ist für die kleineren Geister, die nicht an Eure Weisheit heranreichen. Von keinem anderen als Euch selbst hätte die-

se Idee kommen können, Großer Sultan, ist es nicht so?"
Der Sultan blickte nachdenklich zu seinem Berater, der völlig sprachlos dastand. „Ein Schiff..."
Der Prophet nickte feierlich. „Unvergänglichkeit."
„So soll es sein!", entschied der Herrscher fest, und seinem Berater erstarben die Bedenken noch im Halse.
Der Wanderer verbeugte sich.
„Ich freue mich, dass Ihr den Weg des Weisen gewählt habt, so wie es vorherbestimmt war. Seid gewiss, dass das Glück Euch hold sein wird, solange Ihr Euch ernsthaft auf jenem Weg befindet. Driften Eure Gedanken jedoch ab, zu den Dingen, welche Euch die bösen Omen eingebracht haben, wird es mit Euch und Eurem Reich bergab gehen."
„Ich danke dir für den Beistand in meiner Lage, Prophet. Nimm als Zeichen der Versöhnung diesen Beutel von mir entgegen."
Mit diesen Worten warf der Sultan ihm einen Beutel mit Münzen zu und beendete die Audienz mit einer Geste.
Der Fremde hob den Beutel auf, verneigte sich lächelnd und zog sich zurück.
Als er den Palast verlassen hatte und wieder auf dem Basar stand, wurde er von Menschen umringt, die Näheres über die Vorgänge zu wissen begehrten. Viele der Bürger hatten inzwischen die Geschichte des Gerbers über die Steine gehört und waren besorgt.
Der Wanderer lächelte. „Sorgt euch nicht mehr, ihr guten Leute. Der Sultan ist nun auf dem rechten Weg. Und falls euch die Omen der letzten Tage geängstigt haben, so kann ich euch versichern, dass Gold weiterhin Gold sein wird. Dies ist für euch." Der Wanderer verteilte die Münzen unter dem Volk und zog seines Weges.

Auf Umwegen kehrte er schließlich in das Land des Emirs zurück.

Dieser hatte schon mit wachsender Spannung auf seine Ankunft gewartet, nachdem die Spione ihm Unglaubliches über die Vorgänge im Reich des Sultans berichtet hatten. Er empfing den Wanderer in allen Ehren und wollte genau erfahren, wie dieser den kriegerischen Herrscher hatte umstimmen können.

Doch der Fremde gab nur an, er habe die Sehnsucht des Sultans nach Ruhm erkannt und ihm lediglich vor Augen geführt, welche Alternativen es zum Krieg gäbe. „Es war, als ob der sprichwörtliche Prophet zum Berg gekommen wäre, und so findet mancher doch zur Weisheit", schloss der Wanderer seine Erzählung.

Da trat Asmeena vor. „Zur Weisheit? Zum Narren hat er sich gemacht! Gibt es einen größeren Irrsinn, als mitten in der Wüste ein Segelschiff zu bauen?"

„Den gibt es", gab der Geschichtenerzähler ruhig zurück, „und zwar das Leben von Menschen für mehr Land und Reichtum zu opfern. Ich habe einen großen Irrsinn durch einen kleineren ersetzt. Doch wird dieser ebenso viel Aufmerksamkeit fordern, denn niemand hat dort Ahnung, wie man ein solches Schiff baut. Das Werk kann nur im friedlichen Austausch und im Handel gelingen. Ich würde sagen, Euer Land wird zukünftig einen annehmbaren Nachbarn haben."

„Das ist ein Wort!", meinte der Emir. „Und so ist es nun an mir, Euch das Versprochene zu gewähren."

„Ich habe keinen Preis verlangt", erwiderte der Wanderer.

Er entschuldigte sich beim Emir mit den Worten, er habe andere Verpflichtungen, diese einen Aufenthalt in diesem

Lande ganz unmöglich machen würden. Außerdem wäre es dem Emir sicher daran gelegen, weiterhin persönlich und in vollem Umfange für sein Volk sorgen zu können. Das mochte dieser nicht abstreiten.

Aber er gab ihm, als geringsten Beitrag des Dankes, ein gutes Pferd, eine achtbare Klinge und einen Beutel mit Edelsteinen mit.

Der Wanderer verabschiedete sich höflich und verließ die Stadt des Emirs noch in derselben Nacht.

Im ganzen Orient verbreitete sich die unfassbare Legende vom närrischen Sultan, der inmitten der Wüste ein Schiff bauen ließ. Man lacht noch heute über ihn, und kaum noch einer weiß, wie sich alles in Wahrheit zugetragen hat.

Der goldene Vogel

Im Osmanischen Reich lebte dereinst ein Goldschmied. Er wohnte in einem kleinen Städtchen, aber wegen seiner Kunstfertigkeit, war er bis weit über die Grenzen seines Landes hinaus bekannt.

Nachdem seine Ehefrau einige Jahre zuvor gestorben war, war dem Goldschmied nur noch seine Tochter geblieben. Der Goldschmied aber liebte seine Tochter abgöttisch und hütete sie wie seinen Augapfel.

Aus Angst, diese auch noch zu verlieren, verbot er ihr auf das Strengste, das Haus zu verlassen.

Und wenn einmal Besucher kamen, trug er ihr auf, sich in ihrer kleinen Kammer einzuschließen, damit sie auch ja niemand zu Gesicht bekam.

Eines Tages ritten prächtig gekleidete Männer durch das enge Gassenlabyrinth des Städtchens. Sie fragten nach dem berühmten Goldschmied, der hier irgendwo seine wundersamen Maschinen herstellte.

Denn der Goldschmied vermochte nicht nur kostbare und überaus kunstvolle Schmuckstücke anzufertigen. Er war auch dafür bekannt, mechanische Apparate, aus purem Gold und Silber, zu erschaffen, die, zumeist in Form von Pflanzen, Tieren oder Fabelwesen, ihre Besitzer mit allerlei erstaunlichen Kunststücken unterhielten.

Jetzt trug es sich aber zu, dass die Reiter nicht nur einfach

irgendwelche wohlhabenden Männer waren, sondern zum Hofe des Sultans gehörten.

Und unter ihnen befand sich, verborgen in der Kleidung eines Höflings, niemand geringerer, als der Sultan selbst. Die Männer bestaunten die kostbaren Geschmeide und die komplizierten Gerätschaften in der Werkstatt des Goldschmieds. So gab es da einen Webstuhl aus purem Gold, der, aus feinsten Goldfäden, selbständig einen grandiosen, goldenen Teppich zu weben vermochte. Eine Palme aus reinem Silber, die Datteln aus Rubinen trug, stand daneben. Selbst der unscheinbare Weidenkorb, in der Ecke der Werkstatt, barg ein kostbares Geheimnis: Klopfte man auf seinen Deckel, erhob sich aus ihm, unter dem Klang einer unsichtbaren Flöte, eine kleine, goldene Schlange mit grünen Augen aus Smaragden.

Rasch war man sich mit dem Goldschmied handelseinig. Als der verkleidete Sultan schließlich als letzter das Haus verlassen wollte, wurde er auf ein Geräusch aufmerksam. Er schaute sich um und bemerkte am obersten Absatz der Treppe, die in die bescheidenen Wohngemächer des Goldschmieds führte, ein wunderschönes Mädchen.

Es war die Tochter des Goldschmieds, die fest geschlafen hatte und von den Stimmen der Männer wach geworden war. Sofort verbarg sie ihr Antlitz hinter ihren Händen und verschwand so schnell wieder, wie sie aufgetaucht war. Aber der Sultan hatte genug gesehen, um sich auf der Stelle unsterblich in das Mädchen zu verlieben.

Der Goldschmied flehte vergeblich, dass seine Tochter doch das einzige sei, was ihm von seiner geliebten Ehefrau geblieben war. „Oh, großer Sultan, oh Gebieter, so habt doch Erbarmen mit mir Nichtswürdigem. Wer wird fortan

bei mir wohnen, wer soll mich im Alter pflegen, wenn sie nicht mehr da ist? Sie ist auch noch zu jung", jammerte er. Doch es nützte ihm nichts.

„Sie mag ja noch zu jung zum Heiraten sein", erklärte der Sultan. „Also werde ich sie in meinem Harem erziehen, bis sie alt genug ist, um meine Frau zu werden."

Während die Männer des Sultans das Mädchen aus seinen Gemächern holten, bot der verzweifelte Goldschmied ihm alle Kostbarkeiten an, die sie in seiner Werkstatt und dem Haus finden konnten, wenn sie ihm seine Tochter ließen. Da gab sich der Sultan endlich zu erkennen und erklärte dem Goldschmied, dass es bei all den unermesslichen Reichtümern, die er besaß, auf der ganzen Welt keinen Gegenstand geben konnte, mochte er noch so einzigartig und kostbar sein, der ihn noch umstimmen könnte.

Als der Sultan mit seinem Gefolge wieder auf den Pferden saß, die bereits ungeduldig mit den Hufen scharrten, drehte er sich noch ein letztes Mal zu dem Goldschmied um. „Gut, alter Mann, unter einer Bedingung gebe ich dir deine Tochter zurück. Ich habe hier einige sehr gute und erstaunliche Dinge gesehen. Du bist mit Sicherheit der größte Meister auf deinem Gebiet. Baue mir einfach einen Apparat, der mindestens ebenso klug und gerecht ist wie ein Herrscher. Wenn du dies schaffst, kannst du alles von mir verlangen, was du willst. Denn dann bin ich selbst als Sultan überflüssig geworden!"

Dem armen Goldschmied klang das spöttische Gelächter des Sultans und seiner Höflinge noch sehr lange in den Ohren nach. Er trauerte drei Tage und drei Nächste um seine geliebte Tochter. Dann machte er sich schließlich an die Arbeit. Aber so viele Apparate und Konstruktionen er

in den folgenden Tagen und Wochen auch entwarf, nichts brachte ihn seinem Ziel wirklich näher.

Der Goldschmied aß und trank kaum noch und wurde von seinen Nachbarn nicht mehr auf der Straße gesehen. Auch an Schlaf gönnte er sich nur noch das Allernotwendigste, und so kam es, dass er eines Morgens, nach einer erneuten schlaflosen Nacht, schließlich, inmitten seiner unzähligen, unfertigen Pläne, einschlummerte.

In seinem Traum erschien ihm seine verstorbene Ehefrau und sprach zu ihm. Auch wenn der Goldschmied sich nach seinem Erwachen nicht mehr an den Inhalt ihrer Worte erinnern konnte, wusste er auf einmal, wie er das Rätsel womöglich lösen könnte.

Die nächsten zwei Jahre arbeitete er fast ununterbrochen.

Er verbrauchte dabei sämtliche Vorräte an Gold, Silber und Edelsteinen, die er besaß. Sogar all die bereits fertig gestellten Schmuckstücke und Apparaturen schmolz er ein, nur um ja genug Material zur Verfügung zu haben. Denn er wusste genau: Scheiterte er, würden ihm seine Reichtümer ohnehin keine Freude mehr bereiten können.

Eines Morgens endlich machte sich der Goldschmied auf den beschwerlichen Weg in die Hauptstadt Bursa, wo sich der Palast des Sultans befand. Auf dem Anhänger, den sein einziges verbliebenes Pferd zog, verbarg sich unter dicken Tüchern ein großer Gegenstand vor neugierigen Blicken. Fünf Tage später erreichte der Goldschmied mit seiner kostbaren Fracht schließlich den Palast des Sultans.

Im seinem prachtvollen Audienzsaal empfing dieser den Goldschmied noch am selben Abend.

„Ich habe erschaffen, was Ihr Euch gewünscht hattet, mein Gebieter!" So verneigte der Goldschmied sich tief vor dem

Sultan und enthüllte sein Werk. Zum Vorschein kam ein großer goldener Käfig, der auf einem schweren, aufs kunstvollste verzierten, goldenen Sockel stand. In dem Käfig aber saß ein kleiner goldener Vogel. Der Boden des Käfigs wiederum, war mit goldenen Steinen ausgelegt, von denen jeder eine Zahl, ein Wort oder einen Buchstaben trug.

Der Goldschmied erklärte dem ungeduldigen Sultan, dass der Apparat noch nicht ganz bereit sei, denn durch den Transport über unwegsame Straßen hätten sich sicherlich einige der zahlreichen Zahnräder und Hebel des überaus komplizierten Mechanismus verstellt, und warteten jetzt darauf, erneut einstellt zu werden.

Zunächst aber äußerte er den Wunsch, seine geliebte Tochter, wenigstens noch einmal, sehen zu dürfen. Diese Bitte wurde dem Goldschmied gewährt.

„Der Obereunuch wird dich zu ihr führen.", gestattete der Sultan.

Der Goldschmied fand seine Tochter schließlich inmitten eines lieblichen Orangenhains, in dem unzählige Pavillons und Brunnen aus schneeweißem Marmor standen. Das Mädchen, welches in kostbarste seidene Gewänder gehüllt war, fiel dem Goldschmied in die Arme.

„Mir fehlt es hier an nichts, Vater. Alle sind gut zu mir. Wenn ich nur den alten Sultan nicht heiraten müsste..."

Es warf einen raschen, sehnsüchtigen Blick in Richtung des nächsten Orangenbaumes, hinter den sich der Sohn des Sultans zurückgezogen hatte.

Der Goldschmied aber, der nur Augen für seine Tochter übrig hatte, tröstete diese und weihte sie flüsternd in das Geheimnis seines Apparates ein. „Habe keine Angst, mein

Kind. Bald schon werden wir wieder zusammen sein und nichts und niemand wird uns mehr trennen können..."

Am nächsten Abend verkündete der Goldschmied, dass seine Arbeit nun vollendet sei.

„Der Mechanismus der Maschine ist zutiefst empfindlich. Niemals darf er von dieser Stelle gerückt oder gar geöffnet werden! Auch wird er nur während genau zwei nächtlicher Stunden funktionieren und zwar wenn der Mond seine höchste Stelle am Himmel erreicht hat!"

Als die Zeit gekommen war, stellte der Sultan, der es kaum erwarten konnte, dem goldenen Vogel eine erste Frage.

Da er einen Trick seines Erschaffers vermutete, hatte er sich zuvor alleine mit dem Apparat in seinem Audienzsaal eingeschlossen. „Sag mir, guter Vogel: Wie viele Brunnen besitzen die Gärten meines Palastes?"

Der goldene Vogel, der an feinsten, fast unsichtbaren Goldfäden aufgehängt war, senkte seinen Kopf und pickte mit seinem Schnabel rasch eine Handvoll goldener Steine auf und legte sie zu einer Reihe zusammen. Zufrieden mit der Antwort nickte der Sultan mit dem Kopf.

Auch die Größe seines Reiches und sogar die genaue Zahl seiner Untertanen, konnte der goldene Vogel ihm mühelos benennen.

Am nächsten Morgen ließ der Sultan den Goldschmied zu sich rufen. „Du hast gute Arbeit geleistet, wie ich sehe. Aber um zu sehen, ob dein Apparat wirklich so klug und gerecht ist, wie ich es bin, werde ich ihn von nun an drei Monate lang auf die Probe stellen. Wenn ich zufrieden bin, kannst du mit deiner Tochter hingehen, wohin du willst. Wenn nicht, werde ich sie auf der Stelle ehelichen. Dich aber werde ich meinem Henker übergeben!" Der goldene Vogel versetzte den Sultan in den folgenden Nächten immer mehr in Erstaunen. Nicht nur, dass er über sämtliche Dinge im Palast genauestens unterrichtet war, sondern gerade seine Fähigkeit, Streitigkeiten zu schlichten und gerechte Urteile zu fällen, war bemerkenswert.

So fielen sich so manche Streithähne schließlich versöhnt in die Arme und es wurde mehr als eine Eifersüchtelei bei Hofe beigelegt. Sogar den unvermeidlich erscheinenden Krieg mit dem Nachbarstaat, vermochte der weise Vogel abzuwenden. Und für all das, brauchte es nicht mehr als ein paar Umdrehungen mit einem goldenen Schlüssel und

ein paar Tropfen Öl auf das goldene Gefieder des Vogels.

Es dauerte nicht lange, und die wundersame Maschine war im ganzen Reich bekannt. Jede Nacht drängte sich eine größere Menschenmenge vor dem Palast, um den Vogel und seine weisen Entscheidungen aus der Nähe erleben zu können.

Eines Nachts, es war die Nacht vor dem Ablauf der Frist, die der Sultan dem Goldschmied gesetzt hatte, rief der Sultan all seine Generäle, Ratgeber, Würdenträger und den Wesir zu sich und verkündete ihnen, dass er sie von jetzt an nicht mehr benötigte.

„Mit dem Vogel des Goldschmieds besitze ich wahrlich alles, was ich für das Regieren brauche!", sprach er.

Die entlassenen Männer schauten betreten zu Boden, wagten es aber nicht, ihrem Herrscher zu widersprechen.

Da ertönte in der Stille des Thronsaals ein leises Niesen. Der Sultan sah seine Ratgeber ungläubig an. Von ihnen konnte es niemand gewesen sein. Da ertönte ein weiteres Niesen und alle Blicke wandten sich dem goldenen Vogel zu. Der Sultan erbleichte.

„Man hat mich, den Sultan, betrogen! Jemand steckt im Inneren der Maschine! Sicherlich ist es der Goldschmied selbst!", rief er erbost aus. War es nicht so, dass dieser nie zugegen gewesen war, wenn er des Nachts mit dem Vogel gesprochen hatte?

Der wütende Sultan befahl seinen Männern daraufhin, die Maschine unverzüglich in einem der Teiche vor seinen Privatgemächern zu versenken. Wenige Augenblicke später waren auch schon dicke Seile um die wundersame Maschine mit dem goldenem Vogel geschlungen. Nun ließ der Sultan nach der Tochter des Schmieds rufen.

„Sie soll Zeugin des Verrats durch ihren Vater sein! Ich wünsche, dass sie zugegen ist, wenn er jämmerlich ersäuft!" Doch auch nach ausgiebiger Suche war das Mädchen nicht aufzufinden. So zuckte der Herrscher ungeduldig mit den Schultern und befahl, kurzen Prozess zu machen, mit dem betrügerischen Goldschmied.

Die schwere Maschine war schon fast über die steinerne Brüstung des Teiches gezerrt, als plötzlich laute Stimmen erklangen. „Haltet ein, oh Sultan!"

Zu seinem überaus großen Erstaunen, sah der Sultan den Mann, den er im Inneren der Maschine vermutete, am Eingang zum Garten stehen. Verwirrt befahl der Sultan seinen Wachen, den Goldschmied passieren zu lassen.

„Wer, um Allahs unergründlichen Willen, steckt denn jetzt im Inneren der Maschine? Ist es womöglich doch Zauberwerk?", rief er schließlich ungläubig aus.

Der Goldschmied, der sich demütig zu Füßen des Sultans hingeworfen hatte, bat seinen Herrscher daraufhin, das Geheimnis seines Werkes enthüllen zu dürfen. Kaum war das letzte Seil durchtrennt, als sich im Sockel auch schon ein verborgenes Türchen öffnete.

Ein kleiner, seidener Schuh tauchte auf, dann ein zweiter. Wenige Augenblicke später war ein schmales Mädchen vollständig aus der schmalen Luke geschlüpft und warf sich vor dem Sultan zu Boden.

„Du?", rief dieser fassungslos aus, als er in dem Mädchen die Tochter des Goldschmiedes erkannt hatte.

„Ja, mein Herr und Gebieter, ich bin es. Du kannst über mich richten. Aber du musst erst wissen, dass ich nur aus Liebe zu meinem Vater gehandelt habe..."

Der Goldschmied rang seine Hände und beteuerte, dass es

doch einzig und alleine seine Idee gewesen sei, und dass seine Tochter keine Schuld träfe.

Doch der aufgebrachte und in seiner Eitelkeit nun zutiefst gekränkte Sultan wollte nicht hören und ließ unverzüglich nach seinem Scharfrichter rufen.

Als dieser bereits sein Beil geschärft und sich das Mädchen von seinem weinenden Vater verabschiedet hatte, ertönte plötzlich eine Stimme aus der goldenen Maschine.

„Wenn du sie hinrichten lässt, darfst du auch mich nicht verschonen!" Ein weiteres Paar Schuhe, diesmal ein klein wenig größer und mit kostbaren silbernen Schellen verziert, kam zum Vorschein.

„Ja Vater", sprach der schlanke Junge schließlich, nachdem er sich aus der Maschine befreit hatte, und kniete vor dem verdutzten Sultan nieder. „Auch ich habe von Anfang an mit in der Maschine gesteckt."

Im ersten Moment sah es doch tatsächlich aus, als wollte der zornige Sultan auch die Hinrichtung seines einzigen Sohnes befehlen. Dann wurde er auf einmal nachdenklich. Er blickte erst den Goldschmied und dann die Kinder an, die demütig ihre Häupter gesenkt hielten.

Schließlich brach er in schallendes Gelächter aus.

Er lachte so heftig, dass ihm schließlich die Tränen in die Augen traten. „Es sei euch allen verziehen!", rief er endlich aus und gab den Befehl zu dem prächtigsten Festmahl, das jemals in den Hallen seines Palastes stattgefunden hatte.

„Denn ihr sollt alle wissen: Ich allein habe es zugelassen bloß gestellt zu werden, durch eine mechanische, von Menschenhand erschaffene Maschine. Und ich habe mich sogar noch mit meinem Besitz gebrüstet. Das ist die wahre Schande. Aber es keine Schande dagegen ist, wenn sich der

Sohn klüger und gerechter erweist als der Vater."

Dann lenkte er seinen lächelnden Blick auf die Tochter des Goldschmieds, die jetzt Hand in Hand mit seinem Sohn vor ihm kniete. „Vor allem, wenn dies gemeinsam mit seiner zukünftigen Gemahlin geschehen ist, die ihrem Vater, geschweige denn dem Sultan, wiederum ebenfalls in Klugheit und Gerechtigkeit, in nichts nachzustehen scheint."

Zum Schluss aber wandte er sich an den Goldschmied, der vom Auftauchen des Jungen ebenso überrascht worden war wie der Sultan. „Ja, Schmied, unsere Kinder haben ihr Schicksal wohl selbst in die Hände genommen. So ist die Geschichte weder für dich, noch für mich so ausgegangen, wie wir sie uns vorgestellt hatten. Aber glaube mir, keiner von uns hat dabei wirklich etwas verloren..."

Diesen überaus weisen Worten konnte der Goldschmied nur zustimmen. Er entschuldigte sich bei seiner Tochter für seine Selbstsucht und wünschte den beiden Kindern von Herzen alles Gute, für eine gemeinsame Zukunft.

Und einige Zeit später, als der Sultan schließlich, nach einem erfüllten Leben verstarb, übernahmen sein Sohn und die Tochter des Goldschmieds die Herrschaft im Reich. Gemeinsam regierten sie das Land so klug und so gerecht, wie es von ihnen erwartet wurde und sie lebten glücklich zusammen, bis an ihr Lebensende.

cNaphtalidurisoli

Der Kalif von Naphtalidurisoli hatte eine wunderschöne Tochter, die im ganzen Land bekannt war, dass man an ihr lecken konnte und sie schmeckte nach Schokolade.

Das war etwas Besonderes, denn die Schokolade, aus dem märchenhaften Land südlich des Äquators, hatte noch nicht nach Eurasien gefunden. Das ganze Land sprach von diesem rätselhaften Geschmack, der süß war und voll und tief, leicht berauschend auch.

Der Kalif war kein guter und gerechter Herrscher, sein Volk litt oft Hunger und Not und so hatte das Land viele Rebellen. Also, bei jeder kleineren oder größeren Unruhe im Volk, berief der Kalif von Naphtalidurisoli die größten und wortmächtigsten und damit gefährlichsten Rebellen zur Audienz in seinen Palast.

Da kamen sie dann mit ihren roten Schärpen in denen Säbeln steckten, und finsteren, schwarzen Bärten unter den Turbanen, aus ganz Naphtalidurisoli und durften an den süßen, kleinen Zehen der Tochter des Kalifen lecken. Schon strömte lieblicher Friede durch ihr Herz und nichts anderes wollten sie mehr, als ihrem Kalifen ihr Leib und ihr Leben zu geben, und um im Tode noch kurz vom Zeh zu kosten.

Nun war eines Tages ein Rebell dabei, der wollte mehr. Rotuffa Che Naphtali, so hieß der Rebell, liebte sein Volk

und er war fest entschlossen, es von der Herrschaft des Kalifen zu befreien.

Du kennst diese Rebellen, dazu kann ich mir noch mehr Worte sparen. Er schleckte also an den dritten Zehen von links, einem süßen, braunen, wundervollen Gliederzeh, mit hennarotem Farbstoff auf dem Nagel.

Er hatte aber zuvor ein Zitronenstück zwischen die Lippen gepresst und konnte so, dem betörenden Geschmack der Zehe, widerstehen. Die Tochter des Kalifen aber spürte sofort, dass etwas nicht stimmte und beugte sich vor, um ihn leise gurrend zu fragen, was das sei. Als er gerade aufblickte, sah er durch ihr prachtvollen Gewand bis auf ihre Haut hindurch. Ihre üppigen, drallen Brüste schienen ihm wie die lieblichste Oase mit zwei wohlgeformten Brunnenhügeln. Da blitzten seine Augen hell auf und er sagte nur, was immer schon Männer in Naphtalidurisoli gesagt hatten, um eine Schöne für sich zu entzünden.

„Ich muss Dich haben oder ich sterbe auf der Stelle."

Diese Ungehörigkeit war so ungehörig, dass die Brunnen bebten und ein Treffen war in zwei Worten beschlossen. So kam es, dass sich der Rebell mit der Tochter des Kalifen unter dem vollen Mond wiederfand.

So gestärkt aber, ging der Rebell, die Tochter des Kalifen fest an der Hand - und sie war ein einziges Strahlen, viel schöner als die Morgenröte nach langer dunkler Nacht - seinen Säbel hoch in die Luft gestreckt, mit brauner, nach Schokolade riechender Brust, direkt in den Palast, und ließ den Kalifen rufen.

„Lieber Freund, deine Tochter hat mich erwählt, deine Zeit als Ratgeber ist nun gekommen! So endet dein Kalifat hier. So werden wir einen neuen Glücksstaat schaffen! Ein

Schokoladenreich! Heut Nacht habe ich sie gefunden, die geheime Formel, durch deine wohlblühend geformte Tochter. Lass uns die neue Zeit feiern!"

Und so geschah es. Je mehr er von seiner Schokoladenfrau kostete, um seinem Land zu dienen, umso größer wurden die Sukkulenten, die er dazu bearbeiten musste.

Naphtalidurisoli wurde dadurch ein reiches und überaus glückliches Land. Lange bevor man ein Land entdeckte, welches man Südamerika nennen sollte.

Der Garten des Kalil Amin

Einst lebte ein guter, gläubiger Mann Namens Ismael mit seiner treuen Gemahlin Roraje und seinem einzigen Sohn Khalil Amin in Persien, und zwar in einem der ärmsten Viertel Isfahans.

Ihnen gehörte nichts, außer einem kleinen Stück Erde, in dem die Frau ihr Gemüse anbaute, um das sowieso sehr spärliche Mahl zu ergänzen. Es war eine Zeit, in der nur schwer Arbeit zu finden war. So war die Familie glücklich darüber, dass sich der Vater ein paar Kupfermünzen als Steinmetz verdiente und so für ihr tägliches Brot sorgte.

Ismaels Sohn war ein schöner, kräftiger Jüngling und der Vater hoffte, dass er ihm bald eine große Hilfe sein würde.

Eines Tages, beim Abendmahl, sprach er zu seinen Eltern.

„Vater, Mutter... bitte gebt mir das Stückchen Erde...ich will die schönsten Blumen darauf pflanzen."

Die Mutter dachte, ihr Sohn sei nun verrückt geworden, und begann zu jammern. „Oh Allah, was für ein Unglück! Statt dass er einen guten Beruf erlernt, und seine Familie unterstützen wird ... nun dieser Unfug ...!"

Doch der Vater, der seinem einzigen Sohn noch nie etwas abschlagen konnte, war anderer Meinung.

„Du sollst das Stückchen Erde bekommen, mein Sohn, mache etwas Gutes daraus!"

Und so half all das Gezeter nichts, das Roraje, seine Frau, anbrachte: Wie wichtig es für die Familie sei, dort Gemüse

zu pflanzen, um das Mahl zu bereichern, und das es das Einzige sei, was sie besäßen. So jammerte sie.

Ismael hatte seine Entscheidung getroffen, und das Land ging in die Hände seines Sohnes Khalil Amin. Der Sohn bedankte sich sehr bei seinen Eltern, und auch bei Allah. Gleich am nächsten Tag machte er sich daran, das Beet zu bearbeiten. Er kaufte auf dem Markt die besten Samen und Knollen und hegte von nun an sein Beet, Tag für Tag.

Es dauerte nicht lange, und die ersten, wunderschönen Blumen öffneten ihre Knospen und erstrahlten in den schönsten Farben. Menschen kamen vorbei und blieben stehen, um die Blütenpracht zu bewundern. Erst waren es nur wenige, aber es wurden täglich mehr. „Die Blumen von Khalil Amin, die muss man einfach gesehen haben." So sprachen die Leute. Und bald war es nicht nur die schönste Moschee Persiens, die Besucher nach Isfahan lockte. Ismael war sehr stolz auf seinen Sohn und dem, was er aus dem kleinen Stückchen Erde gemacht hatte, und Roraje genoss es, so plötzlich im Mittelpunkt zu stehen, denn die Menschen wollten alles wissen über ihren Sohn, Khalil Amin.

Auch Khalil Amin selber war sehr zufrieden mit sich und seinem Leben. Er hatte seine Pflanzen, die wunderschön blühten, und er begoss sie jeden Tag mit all seiner Liebe. Die Kunde über den kleinen Garten wurde weit über die Stadtmauern Isfahans hinausgetragen.

So kam es, das der Schah Persiens davon erfuhr und sich erkundigte, was an diesem Garten so besonderes sei. Man gab ihm zur Antwort, dass Khalil Amin wohl gesegnet sei, denn noch nie habe man, auf so einem kleinen Stück Erde, so eine Pracht gesehen.

Dies machte den Schah so neugierig, dass er sich selbst auf den langen Weg von Shiraz nach Isfahan machte, um sich ein Bild vom kleinen Garten zu machen.

Er ging also durch das arme Viertel Isfahans und schon von Weitem sah er Farben, die ihm so kräftig und voll entgegen schlugen, dass ihm dieses Viertel reicher schien, als sein eigener Palast. Und je näher er dem Garten kam, desto mehr zogen ihn diese wunderschönen Farben und Blüten in seinen Bann.

„Wem gehört dieser wunderschöne kleine Garten?", fragte er die Frau, die in der Nähe stand. Roraje, die in dem Herrn den Schah von Persien erkannte, verbeugte sich tief und antwortete mit Stolz geschwellter Brust.

„Er gehört meinem Sohn Khalil Amin, mein König."

Und sie bat ihn in ihr ärmliches Haus, wo Isamel und sein Sohn bei einem kärglichen Mittagsmahl saßen.

Beide sprangen vor Schreck auf, als sie in dem Mann den Schah erkannten. Er aber bat sie, sich wieder zu setzen.

„Khalil Amin, noch nie habe ich eine solch große, schöne Blüten- und Farbenpracht gesehen, und so möchte ich, dass du mit mir in meinen Palast kommst und mir als Gärtner dienst. Deiner Familie wird es an nichts fehlen, und auch du sollst einen guten Lohn erhalten."

Roraje sprang auf. „Weih Allah, was für ein Glück! Er soll der Gärtner des Schahs werden!"

Khalil Amin bedankte sich und bat darum, seinen Dienst erst im Herbst antreten zu dürfen, wenn die letzte Blume verblüht, und er Knolle und Samen seiner Pflanzen mit in den neuen Garten nehmen könne.

Der Schah Persiens war bereit dieser Bitte nachzukommen, und so kam es, dass Khalil Amin im Herbst des glei-

chen Jahres in den Palast des Königs einzog.

Er war wieder sehr zufrieden mit sich und seinem Leben und widmete sich ganz der Aufgabe, die Erde im Garten des Schahs zu bearbeiten, sie mit Samen und Knollen zu bestücken, und jeden Tag mit all seiner Liebe zu begießen. Es dauerte nicht lange, und auch der Garten des Palastes blühte in einer einzigartigen Farben- und Blütenpracht.

Besucher, Adelige, Könige und Herrscher aus vielen fernen Ländern, alle kamen, um ihn zu bewundern: Den Garten des Schahs von Persien.

Der Schah gewann an Ansehen, und Macht. Dies missfiel dem Kalifen von Bagdad sehr, wollte er doch schon lange das persische Reich zu Fall bringen, und selbst den Platz des Schahs einnehmen. Doch wie sollte er Verbündete für seinen Plan gewinnen? Sprach man vom Schah, so sprach man von seinem außergewöhnlichen Garten...

Er überlegte, den Garten heimlich vernichten zu lassen, doch damit würde er ihn nur noch weiter ins Rampenlicht treiben, und man würde gemeinsam mit ihm trauern, und auf die nächste Blütezeit warten. Auch nahm er Abstand von dem Gedanken, Khalil Amin, den Gärtner, heimlich töten zu lassen. Eine solche Gräueltat würde nur weitere Verbündete für den Schah bedeuten. Nein, er musste den Garten und den Gärtner gleichermaßen vernichten, ohne dass ein perfider Plan dahinter erkannt oder vermutet werden könnte. Und er wandte sich an einen Hexer, der sich mit schleichenden Giften auskannte.

Khalil Amin, der sehr gerne einen Apfel zum Frühstück aß, schmeckte das Gift nicht und spürte auch nicht, wie es sich durch seinen Körper einen Weg bahnte. Er konnte in dieser Nacht nicht schlafen, und auch in keiner folgenden.

Gedanken kreisten durch seinen Kopf. Gedanken über sein Leben, und was er erreicht hatte. Morgens stand er auf, unzufrieden und müde. Er ging durch den Garten, schaute nach seinen Pflanzen, ohne sie wirklich zu sehen: Es war doch nicht sein Garten... und als es noch sein Garten war, was hatte es ihm da gebracht... Gut, jetzt ging es seinen Eltern besser... aber war das genug, für all seine Arbeit?

Das Gift breitete sich weiter aus, fraß an seinem Herzen. „Was bin ich denn schon? Was? Ein Gärtner, nicht mehr und nicht weniger. Ich habe doch diesen Beruf noch nicht einmal gelernt.... und so bin ich kein richtiger Gärtner", grämte sich Khalil Amin.

So quälte er sich durch seine Gedanken und ruheloses träumen, wenn ihm vor Erschöpfung die Augen zufielen, und vernachlässigte seine Pflege.

Allmählich wurde die Veränderung sichtbar. Die Farben der Blumen wurden matter, verloren ihre Kraft. Blüten blieben auf ewig geschlossen, öffneten sich erst gar nicht mehr. Blätter bekamen braune Flecken.

Menschen, die extra von weit angereist kamen, um den Garten des Schahs zu sehen, fuhren enttäuscht zurück. „Was war denn so besonderes an diesem Garten. So einen gibt es doch überall zu sehen."

Man begann über den Schah zu tuscheln, und zu lachen. Der Schah, dem die Veränderung des Gartens natürlich nicht entgangen war, war sehr wütend auf Khalil Amin, und so kam es, dass Khalil Amin mit Schimpf und Schande vom Palasthof gejagt wurde. Seinen Eltern auf immer Lebewohl zu sagen, machte er sich mutlos auf den Heimweg. Als er dort angekommen war, rief Roraje: „Weih Allah, er ist zurück gekommen... unser Sohn... Khalil Amin!"

Sein Vater kam gerannt, um ihn in die Arme zu schließen.
Khalil Amin weinte nun bittere Tränen. Er hatte mit allem
gerechnet... Vorwürfen... Beschimpfungen... doch nicht
mit dieser bedingungslosen Liebe.
Die Tränen spülten das Gift aus seinen Augen, aus seinem
Körper, und er schlief zum ersten Mal seit Wochen einen
tiefen, gesunden Schlaf, der viele Tage andauerte.
Als er erwachte, fühlte er sich wunderbar. „Vater, Mutter
... gebt mir das Stückchen Erde ... ich will die schönsten
Blumen darauf pflanzen!", bat er.
Glücklich schloss Roraje ihn in die Arme. „Weih Allah,
jetzt hast du ihn wirklich zu uns zurück gebracht... unseren Sohn... Khalil Amin!"

Shejla aus dem Hawr al-Hämmar

Zu einer Zeit, in der die Dschinn noch unerkannt unter den Menschen hausten, lebte im Sumpf Hawr al-Hämmar ein Fischer mit seiner Familie. Täglich stakte er auf den Wasserarmen des Sumpfes umher und sah nach seinen Netzen.

Eines Tages hatte sich darin, halb ertrunken, ein Mann verfangen. Der Fischer zog ihn ins Boot und ruderte eilig zu seiner Schilfhütte zurück. Unterwegs kam der Fremde zu sich. Eine Suppe, welche die Frau des Fischers soeben zubereitet hatte, erweckte ihn vollends zum Leben.

Dennoch verlor der junge Mann kein Wort des Dankes für seine Rettung und starrte nur düster vor sich hin.

Des Fischers Tochter Shejla, säuberte dessen Gewand, hängte es zum Trocknen in die Sonne und bestaunte die darin aufblitzenden Goldfäden.

Am Abend überließ der Fischer dem jungen Mann sein ärmliches Lager und schlief mit seiner Frau im Boot.

Nachts stöhnte der Fremde laut und schlug um sich, als kämpfe er gegen ein Heer von Feinden. Shejla rüttelte ihn wach. Auf ihre Frage, was ihm fehle, murmelte er verstört, dass ihm nicht zu helfen sei, schien aber seinen bösen Traum losgeworden zu sein, denn danach schlief er ruhig.

Am nächsten Tag setzte der Fischer den Fremden wieder

auf festem Land ab. Dieser bedankte sich für die gewährte Unterkunft. „Ich würde dir auch für die Rettung meines Lebens danken, wenn ich es nicht längst verloren hätte", fügte er hinzu. „Wie ich aus dem Tigris in dein Fangnetz geraten bin, weiß allein Allah!"

„Sag mir dein Namen", bat ihn der Fischer. Der Fremde murmelte, er sei Khaled aus Bagdad, wandte sich um und ging seiner Wege.

Viele Male ging die Sonne, mit Allahs Willen, auf und wieder unter, ehe der Fischer wieder an Khaled erinnert wurde: In einem sehr heißen Sommer, als das Sumpfland austrocknete, die Netze leer blieben und die ganze Familie Hunger litt. Dann ergriff den Fischer noch das Sumpffieber. Matt und krank lag er auf der Schilfmatte und die Familie fürchtete schon um sein Leben. Shejla erklärte, sie werde sich nach Bagdad durchschlagen, nach Khaled suchen und ihn um Hilfe bitten. Weil sie sich keinen besseren Rat wusste, steckte die Mutter Shejla heimlich in die Pluderhosen des Vaters, verbarg das lange, schwarze Haar des Mädchens unter einem Turban und brachte sie bis zur Karawanenstraße. Dort fand sich rasch ein Kameltreiber, der den vermeintlichen Burschen bis nach Bagdad in seine Dienste nahm.

Dort angekommen, fragte das Mädchen, im Händlerviertel vor dem äußeren Stadttor, nach Khaled. In jedem Laden kannte man einen Mann dieses Namens, doch immer stellte sich heraus, dass es der falsche war.

Unter solcherlei Umherirren war es dunkel geworden und Shejla wusste nicht, wo sie zur Nacht bleiben sollte.

Müde und hungrig irrte sie durch den großen Basar. Ihr Blick fiel auf ein Gewand, welches mit Goldfäden durch-

wirkt war. Hatte Khaled nicht ein ähnliches getragen?

Shejla betrat den Laden. Ein dunkelhäutiger, alter Mann eilte ihr entgegen, als habe er sie erwartet. Zu anderer Zeit hätte sie sich darüber gewundert, jetzt aber war sie nur dankbar für die Freundlichkeit des Händlers und bat ohne Scheu, um ein wenig zu essen und ein Nachtlager.

„Beides sollst du bekommen, wenn du mir erzählst, was dich nach Bagdad führt", versicherte der Alte.

„Woher weißt du, dass ich fremd bin?", staunte Shejla.

„Nun, du bist hungrig, hast kein Dach über dem Kopf und riechst nach Kamel", antwortete er lächelnd und führte sie in ein von Öllampen erhelltes Gemach, wo auf einem niedrigen Tisch ein einfaches Mahl stand.

Während sie aßen, erzählte sie ihm von der Reise, ihrem ärmlichen Leben im Sumpf, dem kranken Vater und auch von Khaled. „Kennst du ihn?", fragte sie hoffnungsvoll. „Er trug ein Gewand wie jenes, welches vor deinem Laden hängt."

„Dann ist er ein vornehmer Mann. Du wirst ihn hier nicht finden. Was willst du von ihm?" In der Stimme des Alten lag etwas, das Shejla aufhorchen ließ.

„Ich hoffe, er wird nun als Gegenleistung für die Rettung seines Lebens, meiner Familie helfen", so antwortete sie wahrheitsgemäß.

Der Händler nickte, schlug jedoch vor, am nächsten Tag weiter über die Sache zu reden. „Allah hat die Welt auch nicht an einem Tag erschaffen", lächelte er, wies auf ein Lager, das Shejla zuvor nicht bemerkt hatte, und zog sich in den Laden zurück.

Als Shejla am Morgen erwachte, stand eine Wanne mit warmem, wohlriechendem Wasser bereit, dazu alles, was

Mädchen für die Pflege ihrer Schönheit benötigten.

Sie spülte in diesem wunderbaren Bad den Staub und den Kamelgestank ab und ordnete anschließend ihr langes Haar mit einem Silberkamm. Sie schlüpfte mit Freude in ein Gewand aus grünem, fließendem Gewebe. Woran hatte der Händler erkannt, dass sie ein Mädchen war?

Als sie ihn später danach fragte, lächelte er wie am Tag zuvor und sagte, wenn nicht ihre Stimme ihm dies bereits verraten hätte, so doch ihre Hände, die für einen jungen Mann viel zu klein seien.

„Heute will ich dir auf deine gestrige Frage antworten", fuhr er fort. „Ja, ich kenne Khaled, aber es wird schwierig sein, zu ihm vorzudringen. Denn er ist der jüngste Sohn des Kalifen." Shejlas Überraschung währte ein paar Wimpernschläge, dann sagte sie, sie werde sich im Serial* als Pferdeknecht verdingen.

„Du kämst nicht einmal durch das Tor in der mittleren Mauer. Die Torhüter durchsuchen jeden, der um Eintritt ersucht. Und sie werden schnell erkennen, dass du ein Mädchen bist. Du landest bei den Serial-Sklavinnen und siehst den Sumpf niemals wieder."

„Dann warte ich, bis Khaled ausreitet und werfe mich vor sein Pferd."

Wieder winkte der Händler ab. „Schon seit vielen Monden hat kein Bewohner Bagdads mehr, den Prinzen zu Gesicht bekommen. Man sagt, er leide an einer Gemütskrankheit und habe sogar versucht, sein Leben selbst zu beenden. Du weißt sicher, dass dies der Wahrheit entspricht."

Shejla dachte an die düstere Miene des Prinzen und an seinen unruhigen Schlaf. „Gibt es denn keine Heilung für ihn?" Der Händler erwiderte, dies sei keine Krankheit, die

ein Hakim* heilen könne. Dafür bedürfe es anderer Mittel. Der Alte schien genau zu wissen, was zu tun war. Also fragte sie ihn und versicherte, sie sei bereit, dem Prinzen zu helfen, ganz gleich, wie schwierig dies sein werde.

„Erst einmal muss Khaled zum Reden gebracht werden. Hilfe ist für ihn nur möglich, wenn er ausspricht, was ihn bedrückt." Der Händler reichte Shejla eine Burka* aus durchscheinendem Gewebe. „Wirf sie über und niemand wird dich wahrnehmen. Auf diese Weise gelangst du durch die Tore der mittleren und inneren Mauer, bis in das Serial. Dort wirst du den Prinzen dann schon finden. Gewinne sein Vertrauen, dann sehen wir weiter."

Shejla schlüpfte sofort in die Burka und der Alte nickte ihr aufmunternd zu. „Nun geh und sei ohne Furcht."

Sie wagte nicht zu fragen, wie es sein könne, dass er sie sähe, da er doch versichert habe, sie werde für jedermann unsichtbar sein.

Mühelos schritt sie durch die Menschen und erreichte das Tor der äußeren Mauer. Tagsüber stand dieses für jedermann offen. Shejla hielt sich nicht mit dem Betrachten der Gebäude und Gärten auf, sondern schritt auf der breiten Straße dahin, die zum mittleren Mauertor führte. Dahinter befand sich die Armee des Kalifen, die das Serial bewachte. Soeben wurde das schwere Portal für eine Schar Berittener geöffnet. Shejla drückte sich an den Reitern vorbei und eilte weiter bis zur inneren Mauer.

Das vergoldete Tor wurde nur für den Kalifen und dessen Söhne aufgetan. Daneben gab es eine kleinere Pforte, durch die der Torhüter gerade einen Wesir samt Begleiter einließ. Mit ihnen gelangte Shejla in den Hof des Serials. Entschlossen trat sie durch eines der Portale.

Sie erreichte einen kleinen Garten, in dem ein Brunnen plätscherte und ein Kuppelhäuschen zum Ruhen einlud.

Weit und breit war niemand zu sehen. Schon wollte Shejla umkehren, da vernahm sie Schritte, wandte sich um und erblickte Khaled. Aber wie sehr hatte er sich verändert!

Seine Gesichtsfarbe war fahl und die Augen lagen tief in den Höhlen. Er wankte an ihr vorbei in das Kuppelhäuschen. Shejla folgte ihm. Er ruhte mit geschlossenen Augen auf einem Diwan.

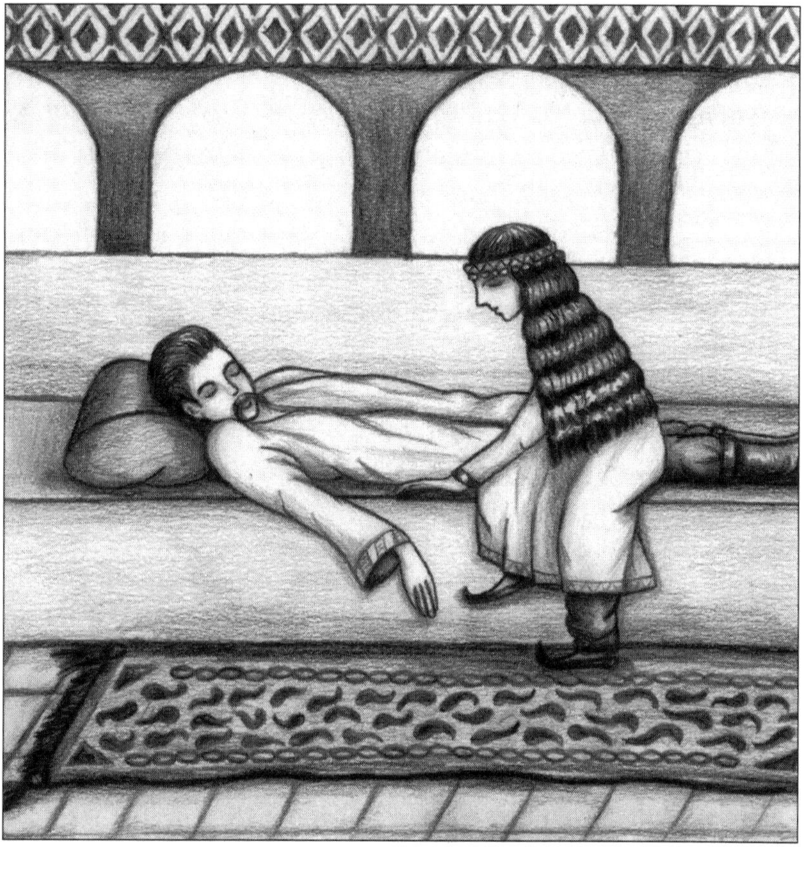

Sie rief den Prinz beim Namen: Er rührte sich nicht. Shejla setzte sich zu ihm und ergriff seine Hand. So saß sie den ganzen Tag. Erst gegen Abend verließ sie den Schlafenden. Sicher gelangte sie durch das innere und mittlere Tor bis zurück in den Laden des Händlers.

Der empfing sie mit ernstem Gesicht. „Verschenk nicht deine Zeit, Mädchen. Du hast nur noch einen Tag, um Khaled zum Reden zu bringen."

„Oh!", dachte Shejla, „wie kann der Alte nur wissen, dass ich gar nicht versucht habe, den Prinzen zu wecken?"

Sie schlief wiederum auf dem weichen Lager, badete am Morgen und machte sich erneut auf den Weg in das Serial. Ohne Schwierigkeiten gelangte sie zum Kuppelhäuschen, warf die Burka ab und wartete auf Khaled.

Der Prinz beachtete sie erst, als sie ihn beim Namen rief, aber er erkannte sie nicht. „Ich bin müde", murmelte er, „geh zurück in den Harem und lass mich schlafen."

„Ich bin keine Odaliske*, sondern gekommen, um dir zu helfen", sagte Shejla. „Erzähl mir, was dich bedrückt."

„Ich bin müde", wiederholte Khaled, „ich will nicht reden." Er ließ sich auf den Diwan fallen und schloss seine Augen.

„Im Namen Allahs, dann bleib doch mit deinen Dämonen allein", rief Shejla ärgerlich. Ein anderer schien ihr diesen Satz in den Mund gelegt zu haben, denn niemals hätte sie gewagt, einen Prinzen so anzuschreien. Der Ausruf bewirkte Wunder. Khaled richtete sich auf, sein Blick wurde klar und dann brach es aus ihm heraus wie ein Wasserfall. „Vor einigen Sommern jagte ich allein und schoss auf eine Hyäne. Sie verwandelte sich in eine riesige, scheußliche Dschinniya*, die mich packte und zu erwürgen drohte. Oh

hätte sie es doch nur getan! Stattdessen versprach sie mir das Leben, wenn ich ihr zu Diensten sei. In meiner Furcht vor dem Tod ging ich darauf ein. Seither befinde ich mich jede Nacht in ihrem Haus, wo sie mich, zum Ergötzen ihrer ebenso schrecklichen Freundinnen, gegen dämonische Bestien zum Kampf antreten lässt. Sie zerfleischen mich völlig, gleichwohl erwache ich morgens unversehrt in meinen Gemächern. Und die Sklaven, die mich bewachen, versichern, ich hätte geschrien und um mich geschlagen, aber zu keiner Zeit das Lager verlassen. Hier schlafe ich deshalb tagsüber in maßloser Erschöpfung, bis mich eine Macht, der ich nicht zu widerstehen vermag, in meine Gemächer zurücktreibt. Dann befinde ich mich wieder im Haus der Dschinniya* und die Qual beginnt erneut. Anfangs habe ich versucht, meinem Leben ein Ende zu setzen, aber erfolglos. Einmal stürzte ich mich in den Tigris, wurde aber von einem Fischer aus dem Sumpf gezogen. Der Mann meinte es gut, doch ich brachte es nicht fertig, ihm für die Rettung zu danken. Nun, da du meine Geschichte kennst, wirst du einsehen, dass mir keiner helfen kann." Shejla berührte mitfühlend die Hand des Prinzen.

„Halte noch ein wenig durch", tröstete sie ihn. „Ich kenne einen weisen Mann, der Rat schaffen wird." Sie warf die Burka über und war augenblicklich unsichtbar. Khaled aber glaubte, er sei soeben aus einem Traum erwacht und sank seufzend auf sein Lager.

Shejla eilte unterdessen zurück in den Basar und erzählte dem Händler, was der Prinz ihr berichtet hatte.

Der Alte dachte nach. „Bist du noch immer bereit, Khaled von dieser Qual zu befreien?", fragte er dann eindringlich. Sie nickte.

„So wirst du morgen viel Mut brauchen, denn du musst dich in das Haus der Dschinniya* begeben." Er zog ein schwarzes Döschen aus seinem Gewand. „Darin befindet sich der gemahlene, mit Asche vermischte Knochen einer Hyäne. Misch ihr dieses Pulver in den Dattelwein. Es wird die Dschinniya für einige Zeit betäuben. Sobald der Trank wirkt, schneide ihr 'im Namen Allahs' das Haar ab und bring es, so schnell du vermagst, zu Khaled. Er muss es verbrennen, die Überreste in das Behältnis füllen, es 'im Namen Allahs' verschließen und schnell in den Tigris werfen. Merke wohl, nur er selbst darf es tun!"

Shejla versprach, alles genau zu befolgen.

Am nächsten Morgen brachte der Händler das Mädchen zum Haus der Dschinniya. „Was immer du sehen wirst", warnte er, „verbirg deinen Abscheu. Schmeichle ihr, dann wird sie keinen Verdacht schöpfen. Und vergiss nicht, im rechten Augenblick Allah anzurufen, denn sein Wille ist es, dass diesem Treiben der Dschinniya Einhalt geboten wird."

Shejla warf die Burka über, nahm allen Mut zusammen und schlug mit der Faust ans Tor. Von drinnen vernahm sie ein Geräusch, das dem Poltern von Steinen glich. Dann wurde das Portal aufgerissen und sie stand einem riesigen Weib gegenüber, dessen mit Warzen übersätes Gesicht in dümmlicher Verblüffung erstarrte, als es dort niemanden wahrnahm. Erst jetzt schlug Shejla die Burka zurück und wurde dadurch teilweise sichtbar.

„Beim Vater der Dschinn", grunzte das Weib überrascht, „wer bist du, halber Winzling?"

„Ich bin die Dschinniya des Hawr al-Hämmar", flüsterte sie und verneigte sich ehrerbietig.

Die Geste der Demut, sowie die nicht völlige Sichtbarkeit verfehlten ihre Wirkung nicht. Das Weib grinste gnädig und trat ein wenig beiseite. Shejla nahm die Einladung an und betrat den Innenhof des Hauses, in dem ein riesiger Eisenkäfig stand.

„Sicherlich finden darin die nächtlichen Kämpfe mit den Bestien statt", dachte sie. Überall türmten sich Unrat und Abfälle, es stank widerlich nach verfaultem Fleisch. In den Räumen sah es noch schlimmer aus. Shejla gebärdete sich jedoch, als gefiele ihr alles ausnehmend.

Die Dschinniya grinste erneut gnädig und forderte den Gast auf, die Burka* vollends abzulegen. Aber Shejla war auf der Hut und erklärte, die Burka werde sich in Wasser auflösen und alles überschwemmen, sobald sie ihr von den Schultern glitte. Entsetzt wehrte die Dschinniya ab. Sie schien Wasser außerordentlich zu fürchten.

„Was führt dich zu mir?", fragte sie dann neugierig.

„Oh, ich hörte, du feierst des Nachts fröhliche Feste mit deinen Freundinnen", schmeichelte Shejla. „Ich möchte gern einmal dabei sein. Es geschieht so wenig Aufregendes im Sumpf."

Das Warzengesicht der Dschinniya* verzog sich zu einer eitlen Fratze. „Du kannst gern dableiben und mithalten", lachte sie gönnerhaft und prahlte ausführlich mit all den Scheußlichkeiten, die Khaled nur angedeutet hatte.

Und schließlich wuchtete sie einen Krug und füllte zwei schmutzige Becher mit Dattelwein, Dschinniya lud den Gast zum Trinken ein.

Schaudernd nahm Shejla davon einen winzigen Schluck, während die Dschinniya den ganzen Becher in nur einem Zug hinunterstürzte, nachschenkte und erneut trank.

Shejla nutzte die Gelegenheit und schüttete das Pulver in den Krug, der nur noch wenig Wein enthielt.

Wohlig grunzend trank das abscheuliche Weib auch diesen Rest und sackte zusammen.

Unverzüglich machte Shejla sich ans Werk, ergriff eines der umherliegenden Messer, schrie „im Namen Allahs", und schnitt der Dschinniya die verfilzten Strähnen vom Schädel. Danach verließ sie, wie von Hunden gehetzt, die stinkende Behausung. Am Tor jedoch erreichte sie den Riegel nicht und nirgendwo gab es eine Leiter. Da fiel ihr der Schemel ein. Sie lief ins Haus zurück, schleifte ihn nach draußen und stieg hinauf. Nach langem Zerren gab der Riegel endlich nach. Shejla schloss die Burka und rannte, so schnell die Füße sie trugen, zum mittleren Stadttor.

Vergeblich hoffte sie, es werde sich - wie an den Tagen zuvor – zufällig öffnen. Sie schlug an das Portal. Von drinnen fragten barsche Männerstimmen, wer Einlass begehre. „Ein Bote für den Kalifen", rief sie mit verstellter Stimme. Ein Torflügel bewegte sich knarrend in den Angeln, zwei Torhüter traten mit gezogenem Säbel heraus und hielten Ausschau. Hinter ihrem Rücken drückte Shejla sich durch das Portal, blieb an einer Verzierung hängen und die Burka bekam einen Riss. Sie bemerkte es nicht. Auch vor dem inneren Tor begehrte niemand Einlass. Noch einmal wagte Shejla nicht, sich durch lautes Rufen bemerkbar zu machen und so verging kostbare Zeit. Endlich öffnete sich die Pforte, ein hoher Würdenträger wurde hinausgelassen und sie schlüpfte in den Hof des Serials. Ohne weiteren Aufenthalt erreichte Shejla das Kuppelhäuschen, in welchem Khaled wie ein Toter auf dem Diwan ruhte.

Sie ließ den Haarfilz fallen, entledigte sich der Burka, rüttelte und schüttelte ihn, rief ein um das andere Mal seinen Namen, aber es gelang ihr nicht, ihn zu wecken. „Im Namen Allahs, wach doch auf", schluchzte sie verzweifelt. Da öffnete der Prinz die Augen, erblickte Shejla und schrie in seiner Verwirrung laut auf.

„Sei leise", beschwor sie ihn, „wir brauchen Feuer."

Sie wies dabei auf den Haarfilz der auf dem Boden des Kuppelhäuschens lag. „Zünde das da an!"

Schlaftrunken kam Khaled der Aufforderung nach und schlug Feuer. Das Haar loderte hell auf, als sei es mit Öl getränkt. Beißender Gestank breitete sich aus.

Bald war nur noch ein dunkler, zäher Klumpen übrig. Nun reichte Shejla dem Prinzen das Döschen.

„Füll die Überreste hinein und sprich dazu laut 'im Namen Allahs', wenn du den Deckel zudrückst."

Khaled tat, wie ihm geheißen. Der Verschluss schnappte mit hellem Klicken ein, verschwand und das Behältnis verwandelte sich in eine schwarze Kugel.

„Jetzt auf schnellstem Weg damit in den Tigris", befahl Shejla. Der Prinz war aber so geschwächt, dass sie nur langsam vorankamen.

Das Ufer war nicht mehr weit entfernt, als sie hinter sich langgezogenes Heulen hörten, welches sich rasch näherte.

Shejla wandte sich hastig um und erblickte den struppigen Schädel der Dschinniya auf dem Körper einer Hyäne, die zum Sprung auf den Prinzen ansetzte.

„Lauf!", schrie Shejla Khaled zu. „Lauf, in Allahs Namen, sonst war alles umsonst!"

Die Angst, erneut dieser Dschinniya* ausgeliefert zu sein, verlieh dem Prinzen ungeahnte Kraft.

Wie ein Pfeil schoss er dem Ufer zu und warf die Kugel in hohem Bogen in den Fluss. Dort, wo sie im Wasser versank, stieg eine schwarze Wolke auf.

Das langgezogene Heulen verstummte, der Hyänenkörper schrumpfte, und übrig blieb ein hässliches, riesiges, uraltes Weib, welches grimmige Verwünschungen gegen das Mädchen und den Prinzen ausstieß und hinkend davon schlurfte.

Shejla fand Khaled am Ufer des Tigris stehend, ein erlöstes Lächeln auf dem Gesicht. Hand in Hand gingen sie ins Kuppelhäuschen zurück. Dort erzählte das Mädchen dem Prinzen, was ihm in Bagdad widerfahren war und dass er seine Rettung einem alten Händler zu verdanken habe.

„Aber ohne dich und deinen Mut, wäre dies dennoch nicht möglich gewesen", sagte Khaled. „Was du auch wünschest, du sollst es erhalten."

Shejla verneigte sich. „Dann hilf der Familie des Fischers im Hawr al-Hämmar. Sie leidet große Not, denn der Sumpf ist ausgetrocknet und der Fischer ist todkrank." Sie warf die Burka über und verließ das Kuppelhäuschen.

Ohne besondere Eile schritt sie durch den Garten, verhielt den Schritt im weiträumigen Hof des Serials, folgte dann zögernd einem Sklaven, der durch die Pforte der inneren Mauer hinausgelassen wurde, und verweilte unschlüssig in der Nähe des mittleren Tores.

Worauf wartete sie denn? Alles war getan! Schon zweimal waren Berittene heraus- und auch hineingelassen worden, aber sie hatte sich nicht entschließen können, das Portal zu durchschreiten. Entschlossen folgte Shejla schließlich dem nächsten Reitertrupp, lief vorbei an Moscheen und Gärten.

Sie strebte bereits dem äußeren Tor zu, als sie hinter sich den Hufschlag eines Pferdes vernahm. Sie trat ein wenig beiseite, um den Reiter vorbeizulassen. Da fuhr ein plötzlich aufkommender Wind in den Riss der Burka, blähte sie auf und ein Teil des grünen Gewandes wurde sichtbar.

Der Reiter zügelte sein Pferd, sprang ab und griff nach dem schimmernden Gewebe. „Ich weiß nicht einmal deinen Namen, Mädchen", rief Khaled.

„Ich heiße Shejla, der Fischer im Hawr al-Hämmar ist mein Vater", erwiderte sie. In diesem Augenblick riss der Wind die Burka vollends auf und trug sie mit sich davon.

„Verlass mich nicht, Shejla", bat er, „werde meine Frau. Mein Vater, der Kalif, wird dich zur Prinzessin aus dem Hawr al-Hämmar ernennen."

„Oh! Das war es, worauf du gewartet hast", flüsterte eine Stimme aus dem Wind, die nur Shejla vernahm.

Prinz Khaled setzte das Mädchen vor sich aufs Pferd und ritt mit ihm zum Basar, um dem Händler für dessen Hilfe zu danken. Doch beide fanden weder ihn noch fanden sie seinen Laden.

Ganz Bagdad feierte kurz darauf die Hochzeit des jüngsten Sohnes des Kalifen mit Shejla aus dem Hawr al-Hämmar.

Shejlas Vater wurde zum Oberaufseher aller Fischteiche des Kalifen ernannt.

Bis auf den heutigen Tag aber, ruht im Schlamm des Tigris eine schwarze Kugel, in der ein Stück böse Macht sicher eingeschlossen ist, weil – dank Allahs Güte und Erbarmen – der Fluss nicht austrocknet.

Die Weisheit der Welt

Es war einmal ein junger Sultan, der hieß Mahmud. Er lebte ziemlich einsam im Palast seines Vaters. Dort wo es immer warm war und bunt und friedlich und schön.

Er hatte viel Zeit gehabt, darüber nachzudenken und viele, viele Bücher darüber gelesen, wie die Welt funktioniert, und vielen weisen Männern aus seinem Land zugehört, aber er war unschlüssig, wer Recht hatte.

Danach las er auch noch die Bücher der Griechen, die einst die gesamte Welt beherrscht hatten, die Schriften der Inder, mit den seltsamen Buchstaben, das Gekrakel der gelben Männer. So beschloss er schließlich, sich nach keinem Buch und nach keiner Vorschrift mehr zu richten. Er meinte erkannt zu haben, dass alle wichtigen Bücher, Vorschriften und Religionen in ihm selbst waren. Sein eigener Wille sollte künftig, die einzige Richtschnur seines Handelns werden.

Eines Tages hörte er aber von einem weisen Buch, das alle Klugheit der ganzen Welt enthalten würde und das von einem Händler in der großen Stadt im Nachbaremirat zum Verkauf angeboten würde.

„Das will und das werde ich besitzen! Das ist mein fester Wille!", schrie er in die Dunkelheit des Gartens hinaus und er machte sich am nächsten Morgen sofort auf den Weg, obwohl er doch eigentlich kein Buch mehr lesen wollte.

Ohne jemandem etwas zu sagen, warf er sein Gepäck auf ein Pferd und trieb es auf den weiten Weg durch die heiße Wüste, in Richtung der Hauptstadt des Nachbaremirats. Und er wollte schnell sein, bevor Konkurrenten das Buch kaufen würden. Er trieb sein Pferd zu Höchstleistungen an, quälte es mit der Reitpeitsche, knallte ihm die Hacken in die Flanken, und das Tier rannte und rannte, bis es in der höchsten Mittagshitze tot zusammenbrach.

„Ich will, dass du läufst, du verdammte Mähre", schrie Mahmud und schlug auf den Kadaver ein, während ihm der Schweiß aus allen Poren schoss.

Eine Karawane kam schließlich entgegen, und der Führer blickte verwundert auf das seltsame Schauspiel. „Willst du das Tier zum Leben peitschen?", fragte er schließlich.

„Wenn es gehen würde, ja", antwortete der Sultan. „Aber der Zosse hat seinen eigenen Willen!"

„Da irrt Ihr aber Euch, Herr! Das Tier hatte keinen eigenen Willen. Ihr habt ihm Euren Willen aufgezwängt."

Missmutig starrte Mahmud in die Ferne. „Wie komme ich jetzt in die Stadt?"

„Ihr könnt mir meinen Esel abkaufen", antwortete ihm der Karawanenführer, „für zwanzig Goldstücke."

„Das will ich nun wirklich nicht", sagte der Sultan empört. „Mein freier Wille führt mich auch so in die Stadt!"

Der Karawanenführer wartete grinsend ab. Schon nach kurzer Zeit konnte er die zwanzig Goldstücke einstecken und den Sultan beobachten, wie dieser auf dem Esel in Richtung Stadt ritt.

Sein Wasserschlauch war bereits fast leer, als Mahmud ein dringendes Bedürfnis verspürte.

„Ich will das nicht, ich will weiter, ich habe einen freien Willen, ich will, ich will nicht ...", quäkte der Sultan, mit der Folge, dass er seinen Kaftan einnässte. Doch er biss die Zähne zusammen und ritt weiter.

Plötzlich wurde der Esel langsamer und schließlich blieb er stehen. Mahmud tobte auf seinem Rücken herum wie ein Dschinn, hieb ihm die Hacken in die Seiten, aber es nutzte nichts. Der Esel ging keinen Schritt weiter und schnaubte nur unwillig.

„Du dummer Esel!", schrie Mahmud aufgebracht. „Mein Pferd ist wenigstens gerannt, bis es tot war!"

„Da siehst du mal, wer da dumm ist", sagte eine alte Frau, die plötzlich des Weges kam und zahnlos lachte. „Der Esel hat seinen eigenen freien Willen. Dieser nützt ihm zwar nichts, wenn du ihn zu Tode prügelst, weil er dann ebenso

tot ist wie dein Pferd, aber er quält sich wenigstens vorher nicht so blöd. Und dir nützt sein Tod gar nichts!"

Zähneknirschend stieg Mahmud von dem bockigen Esel und funkelte die Alte böse an. „Wie weit ist es bis zur Stadt?"

„Das musst du schon selbst herausfinden, du dummer Mensch!", antwortete die Alte und ging ihres Weges.

Ein unbändiger Zorn erfasste Machmud. Er ergriff seine Reitpeitsche, drehte sie um, sodass der silberne Knauf als Schlagwaffe dienen konnte, und rannte der Alten nach, um ihr den Schädel einzuschlagen. Doch plötzlich hielt er inne. „Es ist mein freier Wille, die Hexe zu erschlagen, aber es ist auch mein freier Wille, mich nicht mit ihrem Blut zu besudeln. Verdammt, was mach ich nun?"

Wütend schleuderte er die Peitsche Richtung Esel, der hämisch brüllte und schleunigst das Weite suchte.

Bald erkannte Mahmud, dass die Stadt nicht mehr weit war. Die Zinnen leuchteten im Abendrot, als er schließlich durchs Stadttor trat. Er dankte Allah und fragte sich nach dem Laden des Buchhändlers durch, den er dann auch rasch fand.

Der Händler betrachtete ihn sehr lange und wollte wissen, warum er denn genau dieses Buch haben wolle.

„Weil ich es haben will! Es ist mein Wille, es zu besitzen, mein freier Wille!", plärrte der Sultan genervt, „und jetzt nenn mir deinen Preis und fertig!"

„Dein freier Wille?", sagte der Händler und schüttelte den Kopf. „Was hätte dir dein freier Wille gesagt, wenn du nie von diesem Buch erfahren hättest? Dagegen sagt mir mein freier Wille, dass ich dir das Buch nicht verkaufen werde."

Mahmud stand vor Zorn wie versteinert.

Schließlich wandte er sich um und verließ grußlos den Laden. Doch sein Wille war ein widerborstiger, eherner. Er wollte das Buch, egal wie. Er beschloss es zu stehlen.

Als die Dunkelheit hereingebrochen war und der Händler seinen Laden versperrt hatte, stieg der junge Sultan auf einen Feigenbaum hinter dem Haus und versuchte von dort auf das Dach zu gelangen. Von dort wollte er dann in das Haus eindringen.

Doch der Ast brach, und Mahmud landete unsanft auf dem Hintern. Nachbarn, durch die seltsamen Geräusche aufgeschreckt, rannten aus ihren Häusern, hielten ihn fest und übergaben ihm dem Kadi*.

Dieser hörte sich die Geschichte an, die der Sultan ohne Beschönigungen, mit den ganzen Gedanken und seinen Erklärungen, zu seiner Vorstellung des freien Willens, von sich gab. Die Antwort des Kadis war überlegt.

„Junger Mann, wie oft hast du auf deiner Reise erlebt, dass es nichts Falscheres, nichts Dümmeres gibt, als die These vom freien Willen? Du hast unter dieser Prämisse, gegen jede Logik, dein Pferd zu Tode getrieben. Dein freier Wille scheiterte am freien Willen deines Esels, er scheiterte an dir selbst oder an den, dir eingefleischten, Regeln unserer Gesellschaft, als du die arme, alte Frau erschlagen wolltest. Er scheiterte an deinem eigenen Körper, der sich seiner Notdurft, entgegen deines freien Willens, entledigte, er scheiterte am „Nein" des Händlers und zuletzt scheiterte er an der mangelhaften Standfestigkeit des Feigenbaums. Und so scheiterte deine These des freien Willens an allen Ecken und Enden. Und du solltest für deine Dummheit büßen." Der Kadi machte eine lange Pause, während dem

Sultan das Herz in seinen Kaftan rutschte, zumal das Nachbaremirat nicht gerade besonders freundschaftliche Beziehungen zu dem seines Vaters unterhielt.

Endlich sprach der Richter weiter. „Aber, mein eigener Wille sagt mir jetzt: Lass diesen Narren gehen! Er möge hoffentlich etwas gelernt haben. Mariam, führe diesen „Weisheitssucher" hinaus!"

Mahmud hatte nicht gehofft und nicht gewollt, Gnade zu finden, denn er war sich sicher, dass er im Recht war und wollte noch aufbegehren, als ihn Mariam, die Tochter des Kadis, am Arm nahm und ihm in die Augen schaute.

Da war es um den Prinzen geschehen. Ohne Widerstand folgte er ihr mit nach draußen. Augenblicklich vergaß er alles, was er verkörpert hatte. Er vergaß all seine Vorsätze, alle Philosophien, alle Einwände und alle Besserwisserei.

Er war mit einem Mal, bis über beide Ohren, unsterblich verliebt.

Vor dem Gerichtgebäude trat plötzlich der Buchhändler an sie heran. „Da der Kadi Euch nun freigesprochen hat, will ich Euch nicht länger das Buch verweigern. Es ist von Aristoteles, und in ihm steht alles was man braucht, um die Welt zu verstehen und alles, um in ihr zu bestehen. Es heißt „Über die Liebe". Wollt Ihr es noch haben?"

Der Prinz sah erst ihn an und dann Mariam. „Nein, guter Mann, dein Buch kannst du behalten", meinte er lachend. „Ich brauche es nicht mehr!" Dann küsste er Mariam, und sie gingen ihrer Wege.

Und so siegte letztendlich die Liebe über alle Philosophie, Psychologie und über den freien Willen.

216

Die Wüstenprinzessin

Es lebte einmal in einem Beduinenstamm ein Scheich*. Er war sehr reich und hatte eine wunderschöne Frau, und sie konnten sich alle ihre Wünsche erfüllen. Da geschah das freudigste Ereignis: Ein Sohn wurde geboren.

Die Eltern waren sehr glücklich, denn ihre Gebete waren endlich erhört worden.

Jeden Abend vor dem Zubettgehen, erzählte die Mutter ihrem Sohn, die Geschichte der Wüstenprinzessin. Eine Prinzessin, die alleine in der Wüste lebte und von solch einer Schönheit war, dass viele Männer sich auf die Suche nach ihr begaben. Aber niemand hatte sie jemals gefunden oder auch nur gesehen.

Und so wuchs der kleine Scheich mit dieser Geschichte auf. Schnell vergingen siebzehn Jahren, aus dem kleinen Scheich ein kräftiger Mann geworden.

Eines nachts erschien ihm die schöne Wüstenprinzessin im Traum. Eine junge Frau mit sandfarbenem Haar, einem bleichen Körper und blutroten Lippen. Er war sofort von ihrer Schönheit geblendet und verliebte sich unsterblich in sie.

Als er alt genug war, zu heiraten und eine eigene Familie zu gründen, gab er sein Leben im Reichtum auf und begab sich, sehr zum Missfallen seiner Eltern, auf eine Reise durch die Wüste, um nach der Prinzessin zu suchen.

218

Er ritt auf seinem Kamel durch die Wüste, und schon nach wenigen Wochen hatte er die Orientierung verloren und einen Großteil seiner Vorräte an Wasser und Nahrung aufgebraucht. Dennoch kämpfte er sich weiter durch den endlosen Sand. Am Tage quälten ihn die glühende Sonne und die unerträgliche Hitze, die seinem Körper Wasser entzogen, welches lebensnotwendig war. Und in der Nacht umgab ihn eisige Kälte, die seine geschwächten Glieder starr werden ließ und ihm unruhigen Schlaf bescherte. Doch der Wunsch die Wüstenprinzessin zu finden, trieb ihn voran.

Gerade als er glaubte, dem Tode nicht mehr entfliehen zu können, kam er an eine Oase. Zuerst hielt er sie für eine Fata Morgana und wollte nicht an soviel Glück glauben, doch je näher er den Palmen und dem glasklaren See kam, umso mehr zeichnete sich die Wahrheit vor seinen Augen ab. Er war gerettet.

Doch als er von seinem Kamel abstieg und sich am Wasser des Sees laben wollte, stand auf einmal eine Gestalt vor ihm. Es war eine alte Frau, bekleidet mit einem schwarzen Wickelgewand. Als Kopfbedeckung diente ein schwarzes Tuch. Außerdem trug sie eine schwarze Augenbinde.

„Fremder", sprach sie ihn an, „du darfst dich am Wasser und an den Früchten meiner Oase bedienen und für den heutigen Tag und die Nacht hier ruhen. Doch dafür musst du meinen Bedingungen Folge leisten. Bevor du isst oder trinkst, wirst du deine Hände mit Rosenwasser reinigen. Du wirst morgen beim ersten Sonnenstrahl weiter ziehen. Vom Wasser und von den Früchten darfst du nichts mit dir fort nehmen. Dies verbiete ich dir. Hast du all meine Bedingungen verstanden?"

Der junge Scheich war erstaunt und blickte die Frau nur stumm an. Da sprach sie abermals. „Fremder, sage mir deine Antwort, denn ich bin blind und kann dich nicht sehen."

Da antwortete er ihr endlich. „Ich verspreche dir deine Forderungen einzuhalten und danke dir sehr für deine Gastfreundschaft."

Er wusch sich seine Hände mit Rosenwasser, begab sich zum Wasser des Sees und stillte seinen Durst.

Dann aß er von den verschiedenen Früchten, die an den Bäumen hingen und als die Sonne abends am Horizont verschwand, legte er sich unter eine Palme und fiel sofort in tiefen Schlaf. Er träumte von der Wüstenprinzessin und spürte, dass er noch einen langen Weg vor sich hatte.

Als er am Morgen erwachte, war die Sonne noch nicht aufgegangen. Und wie er so im Dunkeln dalag, kam ihm ein Gedanke. Er würde etwas Nahrung und Wasser für seine Reise brauchen, doch die alte Frau hatte ihm strikt untersagt, von den Früchten oder von dem Wasser etwas mitzunehmen. Sie war blind und noch am Schlafen. Wenn er sich jetzt heimlich etwas nehmen würde, sie würde es nicht bemerken. Und wie er so dalag und nachdachte, hinderte ihn sein gutes Herz daran, sein Versprechen zu brechen. Als die ersten Sonnenstrahlen auf die Erde herab-fielen, erhob er sich und setzte sich auf sein Kamel. Da kam die alte Frau zu ihm. „Fremder", sprach sie, „du hast dich, wie versprochen, an meine Bedingungen gehalten und so will ich dir nun etwas verraten. Du hast noch einen weiten Weg vor dir, doch wenn du deinem Herzen folgst, dann wirst du finden, was du suchst."

Der Scheich ritt weiter durch die Wüste und tagelang sah

er nichts außer Sand. Ohne ausreichend Wasser kam er dem Tode jeden Tag näher, doch die Sehnsucht nach der Prinzessin trieb ihn an.

Gerade als alle Hoffnung schon verloren schien, sah er wieder eine Oase. Es schien, als hätte er niemals etwas Schöneres gesehen. Doch als er von seinem Kamel abstieg und sich am Wasser des Sees laben wollte, stand vor ihm eine Gestalt. Wieder war es eine alte Frau. Sie trug diesmal ein rotes Gewand und ein ebenso roter Tuch.

„Fremder", sprach die Alte ihn an, „du darfst dich am Wasser und an den Früchten meiner Oase bedienen und für den heutigen Tag und die Nacht hier ruhen. Doch dafür musst du meinen Bedingungen Folge leisten. Bevor du

isst oder trinkst, wirst du deine Hände mit Rosenwasser reinigen. Du wirst morgen beim ersten Sonnenstrahl weiter ziehen. Vom Wasser und von den Früchten darfst du nichts mit dir fort nehmen. Dies verbiete ich dir. Hast du all meine Bedingungen verstanden?"

Dem Scheich war dies bereits bekannt und so antwortete er ohne zu Überlegen. „Ich verspreche dir, dass ich deine Forderungen einzuhalten gedenke und danke dir für deine Gastfreundschaft."

Die alte Frau sprach nun weiter. „Fremder, zeige mir deine Antwort, denn ich bin taub und kann dich nicht hören."

Da hob er seinen Kopf und schenkte der Frau ein Lächeln. Sie verstand und ließ ihn gewähren.

Er wusch sich erneut seine Hände mit Rosenwasser, begab sich zum Wasser des Sees und stillte seinen Durst. Dann aß er von den verschiedenen Früchten, die an den Bäumen hingen und als die Sonne am Horizont verschwand, legte er sich unter eine Palme und fiel in tiefen Schlaf. Abermals träumte er von der Wüstenprinzessin und er spürte, dass er ihr bald begegnen würde.

Als er am Morgen erwachte, war die Sonne noch nicht aufgegangen. Und wie er so im Dunkeln dalag, kam ihm der Gedanke, sein Versprechen nicht einzuhalten, denn er wollte nicht noch einmal tagelang an Durst und Hunger leiden. Die alte Frau war taub und noch am Schlafen.

Wenn er sich jetzt heimlich etwas nehmen würde, sie würde es sicherlich nicht bemerken.

Und wie er so dalag und nachdachte, hinderte ihn erneut sein gutes Herz daran, sein Versprechen zu brechen.

Als die ersten Sonnenstrahlen auf die Erde herabfielen, erhob sich der Scheich und setzte sich auf sein Kamel. Da

kam die alte Frau zu ihm. „Fremder, du hast dich an meine Bedingungen gehalten und so will ich dir etwas verraten. Du hast dein Ziel bald erreicht. Der Ort, den du suchst, schenkt ewige Jugend und Schönheit. Verlässt man ihn, so wird man sterblich."

Der Scheich ritt weiter durch die Wüste. Am Tage quälten ihn die glühende Sonne und die unerträgliche Hitze. Und in der Nacht umgab ihn die eisige Kälte. Die Zeit hatte er längst vergessen. Tagelang irrte er umher, längst hatte er die Hoffnung auf Rettung verloren.

Doch er hegte noch immer den Wunsch seiner Prinzessin zu begegnen. Und als er abermals seine Kraft und seine Hoffnung verloren hatte, sah er eine Oase. Sie war größer als die Oasen, die ihn zuvor gerettet hatten. Fast rechnete er damit, erneut einer alten Frau zu begegnen, doch die Gestalt die vor ihm stand, war jung und wunderschön. Ihr Körper war bleich und ihre Hände mit Henna verziert. Ihre Augen funkelten wie zwei helle Sterne und ihre Haare glichen der Farbe des Sandes. Sie trug ein goldenes Kleid und als der Scheich von seinem Kamel abstieg und sich ihr näherte, senkte sie ihren Blick.

Die Wüstenprinzessin stand endlich vor ihm.

Er fiel vor ihr auf die Knie."Schönste aller Frauen, ich bin weit gereist, nur um Euch zu finden. Kommt mit mir und werdet meine Frau."

Die Prinzessin aber blickte ihn nicht an. Der Scheich gab noch nicht auf. „Ich bin ein reicher Mann und es wird Euch an nichts fehlen!"

Sie schaute ihn immer noch nicht an. Da stand er auf. Tief in seinem Innern spürte er, dass er keinen weiteren Tag ohne die Prinzessin leben wollte.

Langsam streckte er ihr seine Hand entgegen und schaute sie mit unendlicher Sehnsucht an. In seinem Blick lag das Versprechen, sie ewig zu lieben. Endlich schenkte ihm Prinzessin ihre Aufmerksamkeit. Sie sah ihn an und legte lächelnd ihre Hand in seine. Gemeinsam machten sie sich auf den Rückweg.

Während der Reise sprach die Prinzessin nicht Wort zu ihm. Still hörte sie ihrem zukünftigen Gemahlen zu, der von seiner Suche nach ihr berichtete. Die Wüste, die dem Scheich einst so endlos erschienen war, bereitete ihm nun keine Angst mehr.

Als der Scheich und die Prinzessin sein Stamm erreichten, wurden sie mit Staunen begrüßt. Der Scheich erfuhr, dass er ein ganzes Jahr weg gewesen war und seine Eltern ihn bereits für tot gehalten hatten. Die Freude war groß, als sie ihren einzigen Sohn wieder sahen und dieser auch noch eine Frau gefunden hatte. Sogleich ließen sie die Hochzeit ausrichten. Die schüchterne Wüstenprinzessin aber, hatte noch immer kein Wort gesprochen.

„Meine geliebte Frau, warum sprichst du nicht mit mir?" Diese Frage stellte der Scheich ihr am Tage der Hochzeit.

Sie sah ihn nur an und ihre Augen füllten sich mit Tränen. Da endlich verstand er. Die schönste aller Prinzessinnen war stumm. Darum hatte sie also nie auch nur ein Wort gesprochen. Ihr Mann jedoch schloss sie in seine Arme.

Er hatte ihr sein Herz geschenkt und wollte sie nicht mehr missen. Sie verbrachten gemeinsam ein glückliches Leben.

Königsblau

Es war zur Zeit der 18. Dynastie in Ägypten. Das Land wurde regiert von Hatschepsut Maatkare, der Tochter des Königs Thutmosis I.

Als die Kunde kam, dass die Königin in der Nähe von Theben einen mächtigen Totentempel erbauen wollte, machte sich der Steinhauer und Reliefmaler Sechemre auf den Weg ins Tal der Könige.

Mehr als achtzig Tagesmärsche lagen vor ihm. Reisen war zu dieser unruhigen Zeit gefährlich, doch Sechemre war jung, stark und furchtlos. Er vertraute auf den Schutz der Götter.

Am einundsechzigsten Tag der Reise suchte er, wie jeden Abend, ein Nachtlager. Meistens legte er sich unter einen Baum oder suchte Schutz in einem Gebüsch. An diesem Abend entdeckte er eine kleine Höhle.

In der Höhle entfachte er ein kleines Feuer, wärmte sich Wasser in einer Tonschale, verspeiste seinen letzten Fladen und trank genüsslich einen Tee, bevor er sich zur Ruhe legte. Durch einen kleinen Spalt konnte Sechemre in den klaren Sternenhimmel blicken. Er machte das gerne, denn er konnte sicher sein, dass sich beim Anblick der Sterne sein Herz mit Frieden füllen würde und der Schlaf ihn alsbald übermannen würde. So war es auch in jener Nacht.

Sechemre schlief so fest, dass er das Grollen in den Felsen überhörte und auch das Zittern der Erde nicht bemerkte. Er wurde erst wach, als Gestein auf seinen Körper fiel.

Ein Erdbeben, schoss es ihm durch den Kopf. Raus hier! Sechemre raffte, so schnell es eben nur ging, seine Sachen zusammen. Es war dunkel, aber den Eingang konnte er gerade noch ausmachen.

Immer mehr Steine fielen jetzt von der Höhlendecke und versperrten den Höhlenzugang. Sechemre blickte sich um: Es musste doch eine Möglichkeit geben, sich zu retten. Er flehte die Götter an, ihm einen Weg zu weisen. Mit bloßen Händen begann Sechemre die Steine und das Geröll vor dem Eingang zu entfernen. Noch ein paar Meter, dachte er, dann habe ich es geschafft.

Plötzlich vermeinte der Mann ein merkwürdiges Zischen zu hören. Sechemre hielt inne und lauschte.

Da, da war es wieder.

„Hilf mir, es soll dein Schaden nicht sein." Die Stimme klang seltsam und schien hinter ihm aus der Höhle zu kommen. Zögernd drehte sich Sechemre um. Seine Augen suchten die Geröllberge ab, die sich mittlerweile überall in der Höhle türmten. Wieder ertönte die zischende Stimme.

„Bitte, hilf mir, ich werde es dir lohnen."

Sollte gestern jemand in der Höhle gewesen sein, den er nicht bemerkt hatte?

So, wie es dem Charakter von Sechemre entsprach, so handelte er auch. Obgleich immer noch Steine von oben herab fielen, kroch er in Richtung der Stimme. Jemand war in Gefahr und er würde alles tun, um ihn zu retten.

„Wo seid ihr? Haltet aus!", rief er beruhigend. Zum Glück war es nicht mehr so finster, da durch den Spalt in der Decke, der sich noch erweitert hatte, erstes Morgenlicht fiel.

Sechemre arbeitete sich langsam vor, doch immer noch konnte er niemanden entdecken.

Nur das unheimliche Zischen vernahm er.

Er vergrub seine Hände im Schutt und zuckte sofort zurück. Er hatte etwas berührt, was er nur zu gut kannte.

Schlangenhaut!

Instinktiv entfernte er sich einen Schritt von dem Spalt. So sehr Schlangen auch ein Symbol der Göttlichkeit waren, war man sich dennoch der Gefahren bewusst. Er ließ die Stelle vor Angst nicht mehr aus den Augen.

Plötzlich schoss der Kopf einer Uräusschlange hervor. Ein Teil des aufgeblähten Oberkörpers war auch zu sehen.

„Hilf mir", erklang wieder die bedrohliche Stimme. „Ich stecke fest und werde sonst sterben. Es soll dein Schaden wirklich nicht sein!"

Hin und her gerissen, vor lauter Ehrfurcht und Angst, zögerte Sechemre noch einen Augenblick.

„Wie kann ich sicher sein, dass ihr mich nicht später töten werdet?"

„Du musst mir Vertrauen, Sechemre. Sei nicht erstaunt, ich weiß genau wer du bist. Wenn du mich rettest werde ich dich begleiten und dich schützen. Auch einen Lohn sollst du erhalten, zur rechten Zeit."

Sechemre griff in den Spalt und setzte seine ganze Kraft ein, um die Steine zu lockern, die den Hinterleib der Schlange festhielten. Nach nur wenigen Minuten war die Schlange befreit. Sie schrumpfte und wurde kleiner als vorher.

Dann wieder bäumte sie sich auf. Die Augen glühten wie Feuer und Sechemre sah den Tod darin. Doch es geschah nichts. Sie zischte nur leise „Danke", schlängelte sich zu seiner Tasche und verschwand darin. Er ließ die Schlange wo sie war und machte, dass er aus der Höhle kam. Er ordnete seine Sachen, überzeugte sich davon, dass nichts fehlte und machte sich wieder auf den Weg.

Endlich, am zweiundachtzigsten Tag, erreichte er sein Ziel. In den Straßen und Gassen von Theben wimmelte es von Handwerkern und Händlern aus allen Teilen Ägyptens.

Sechemre fragte nach einer Unterkunft und es wurde ihm ein Schlafplatz, in einem Zelt in der Nähe des Tempelbaus, zugewiesen. Sechemre verstaute seine Sachen in einer kleinen Kiste und machte sich auf zum Tempel.

Nachdem er ein Probestück gehauen hatte, bekam er die Arbeit. Woche um Woche verging. Sechemre schlug und bearbeitete jeden Tag Steine. Die schwere Arbeit machte ihm nichts aus, doch zufrieden war er nicht. So gerne würde er an den Reliefen mitarbeiten. Er wusste, darin war er gut, vielleicht sogar der Beste. Ob er wohl je eine Chance bekam? Manchmal war Sechemre darüber sehr traurig. Dann klagte er sein Leid der Schlange, die noch immer bei ihm war. Mittlerweile hatte sich Sechemre an diese seltsame Art von Freundschaft gewöhnt. Angst hatte er keine mehr. Die Schlange sprach zu ihm, wie mit einem Freund, und mit der Zeit betrachtete er sie auch als solchen.

Eines Tages verkündete ein Gesandter der Hatschepsut ein Gesuch der Pharaonin: Es werde derjenige bestes Ackerland und ein Steinhaus erhalten, sowie Lohn auf Lebenszeit und die ewige Gnade der Götter, der es schafft, ein königliches Blau herzustellen. Damit sollten einige Reliefs verziert werden.

Viele hatten sich daran schon versucht, doch kein Blau war gut genug für die Königin.

Als Sechemre davon hörte war er ganz aufgeregt. Sofort begann er die Farben in seiner Truhe zu betrachten, die er mitgebracht hatte. Einige Blautöne waren dabei, aber er wusste, königlich waren sie nicht. Er begann die Farben zu mischen. Er experimentierte in jeder freien Minute, sammelte Kräuter und Wurzeln, kochte und vermischte Dieses mit Jenem.

Argwöhnisch wurde er dabei von Malektam beobachtet, der neben ihm seine Lagerstatt hatte. Auch Malektam war sehr daran gelegen, der Pharaonin ein königliches Blau zu präsentieren. Wie so vielen anderen.

Malektam war ein verschlagener Mensch. Überall schnüffelte er herum und Ehre galt bei ihm nicht viel. Er stahl anderen die Farben und die Rezepte dazu und gab sie als seine aus, doch nicht eine war dabei, die der Königin gefallen hatte.

Sechemre merkte von all dem nichts. Offen und ehrlich wie er war, sah er stets nur Gutes in anderen Menschen. Als er wieder eine ganze Nacht umsonst Farben gemischt hatte, sprach die Schlange zu ihm. „Höre, mein Freund. Als du mich damals aus der Höhle gerettet hast, gab ich dir ein Versprechen. Ich versprach dir eine Belohnung. Heute nun sollst du diese erhalten."

Die Schlange richtete sich abrupt auf und blähte ihren Oberkörper. Blitzschnell schlug sie ihre Zähne in den Arm von Sechemre.

Malektam, der alles beobachtet hatte, erstarrte. Der Biss einer Uräusschlange ist tödlich, das wusste er. Man hätte noch versuchen können, die Wunde auszusaugen, aber die Bösartigkeit Malektams ließ so eine Handlungsweise nicht zu. Ganz im Gegenteil, er freute sich, Sechemre auf so einfache Weise loszuwerden. Um so erstaunter war er, als er sah, was sich dort vor seinen Augen abspielte.

Sechemre war nach dem Biss vor Überraschung und auch vor Schmerz aufgesprungen. „Ich dachte du wärst mein Freund", schrie er die Schlange an. „Ich habe dir vertraut und nun tötest du mich!"

Die Schlange hob ihren Kopf. „Vertrau mir, mein Gift wird dich nicht töten. Es wird sich, nur zu deinem Vorteil, mit deinem Blut vermischen. Rühre einen Tropfen davon in deine blauen Farben und du wirst sehen, was ich dir für ein Geschenk gemacht habe."

Als Sechemre bemerkte, dass das Schlangengift tatsächlich keinerlei Wirkung zeigte, begab er sich zur Truhe um die Farben rauszuholen. Mit einem scharfen Stein ritze er sich eine kleine Ader am Arm auf und ließ einen Tropfen seines Blutes in die zuletzt von ihm gemischte Farbe fallen.

Zuerst geschah nichts, doch nach nur wenigen Minuten verfärbte sich der Farbbrei zu einem ungewöhnlichen Blau. Ein wahres Königsblau. Das werde ich morgen gleich zu der Königin bringen, dachte er bei sich und stellte die Schale mit der Farbe wieder in die Truhe zurück. Endlich, jubelte er, damit würde er sie sicher überreden können, ihn an den Reliefs arbeiten zu lassen.

Zärtlich betrachtete er die Schlange, die sich ebenfalls in der Truhe verkroch.

Am nächsten Morgen musste Sechemre zum Tempel, seine Arbeit begann. Malektam, der ihm gefolgt war, bebte vor Neid und Hass. Er würde die Farbe stehlen, das stand für ihn fest. Als endlich niemand mehr im Zelt war, schlich er sich zu der Truhe und öffnete sie. Die Schlange hatte er vor lauter Gier schon vergessen. Als er sie erblickte, schrak er zurück und schlug den Deckel wieder zu. Nachdem er sich etwas beruhigt hatte, kam ihm eine Idee.

„Was soll ich mit der Farbe", dachte er. „Die ist irgendwann alle. Ich muss die Schlange haben." Er überwand seine Angst und hob vorsichtig den Deckel wieder an. Die Uräusschlange streckte ihren Oberkörper, blähte sich auf und sah Malektam aus glühenden Augen an.

„Was willst du Wurm von Mensch?", zischte sie.

Malektam packte die Schlange mit einem schnellen Griff, so, dass sie sich nicht bewegen konnte.

„Ich bin dein Freund", säuselte er. „Bei mir wirst du es besser haben, als bei Sechemre. Damit du mir traust, darfst du mich beißen." Malektam lachte innerlich. Sobald ihn die Schlange gebissen hatte, wollte er sie töten.

Die Augen der Uräusschlange fixierten ihn. Es war, als würden sie ihm bis auf den Grund seiner schwarzen Seele blicken. Malektam schauderte es bei diesem Blick. Wieder zischte die Schlange. „So sei es, von nun an werde ich dir dienen." Malektam lockerte den Griff, die Schlange wand sich, und schlug mit einem Ruck ihre spitzen Zähne in den Arm von Malektam. Der schrie auf und ließ die Schlange fallen. Sofort verschwand diese hinter der Truhe.

Melaktam griff in die Truhe um die blaue Farbe zu stehlen. Die Schale schon in den Händen, zerriss ein gewaltiger Schmerz seine Eingeweide. Grelle Blitze zuckten wild vor seinen Augen, und etwas nahm ihm die Luft zum Atmen. Malektam ließ die Schale in die Truhe zurückfallen und wand sich vor Schmerzen. Das Gift breitete sich rasend schnell in seinem Körper aus und Malektam starb unter Höllenqualen.

Als Sechemre von der Arbeit zurückkehrte fand er ihn vor der offenen Truhe, mit verdrehten Augen und Schaum vor dem Mund.

Da die Schlange verschwunden war, konnte er sich ungefähr denken, was geschehen war.

Er vermisste seinen Freund, war ihm aber dankbar, dass er
Malektam dran gehindert hatte, seine Farbe zu stehlen.

Für die anderen Steinhauer war es nur ein Schlangenbiss,
wie es immer mal wieder vorkam, und schon nach einem
halben Tag war Malektam vergessen.

Hoch oben, auf einem steinernen Thron, saß die Königin
und begutachtete den Fortschritt der Arbeiter und Sklaven. Sie trug prächtige Gewänder und das Volk lag ihr zu
Füßen.

Die Schale mit der Farbe fest in seinen Händen haltend,
reihte sich Sechemre geduldig in die lange Schlange von
Steinhauern und Reliefmalern ein, die der Pharaonin ihre
Farben präsentieren wollten.

Immer wieder sah er, wie sie abwinkte und den Nächsten
heranrief. Sein Herz klopfte, als er an der Reihe war, vor
sie hinzutreten.

Demütig senkte er, geblendet von ihrer Göttlichkeit, sein
Haupt. Ungeduldig gebot sie ihm ein kleines Steinstück zu
bemalen.

Sechemres Hand zitterte, als er die blaue Farbe auftrug.
Im ersten Augenblick sah die Farbe aus, wie jedes andere
Blau zuvor. Doch als er den Stein in die Sonne hielt, wan-
delte es sich in ein solch ungewöhnliches Blau, dass der
Königin das Herz stockte.

Voller Ehrfurcht hielt Sechemre seiner Herrscherin den
Stein entgegen und wartete auf ein Zeichen von ihr. Als sie
die Hand hob, zum Zeichen, dass es das richtige Blau war,
brach das Volk in Jubel aus.

Sechemre erhielt sein Land, ein Haus aus Stein und er konnte fortan als Reliefmaler arbeiten. Jedes seiner Werke verzierte er mit dem Königsblau. Ein Relief stellte die Pharaonin dar, in ihrer ganzen Göttlichkeit.

Nach fünfzehn Jahren war der Totentempel fertiggestellt. Nie wieder sollte es einen größeren und schöneren geben. Sechemre lebte fortan zufrieden in seinem Steinhaus und bebaute sein Land. Die Schlange sah er nie wieder.

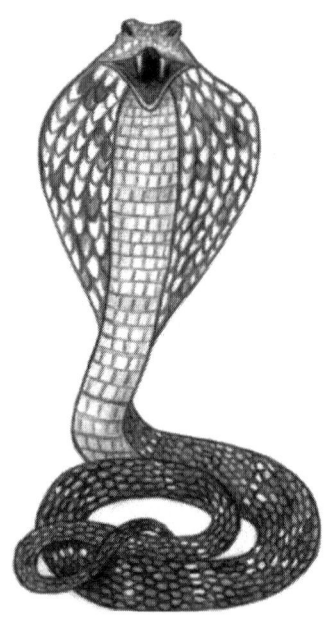

Güldschan

Es lebte einmal in einem afghanischen Bergdorf ein Bauer, namens Jusuf. Er hatte drei jüngere Schwestern: Fatima, Leyla und Güldschan. Ihre Eltern waren schon sehr früh gestorben, und so wohnten nur die Geschwister in einem kleinen Haus. Sie waren nicht reich, hatten nur vier Schafe und ein kleines Stück Land. Alle drei Schwestern waren schöne Mädchen, aber am schönsten war Güldschan, die Jüngste. Güldschan hatte lange Haare, sie waren schwarz wie Rabenfeder. Ihre schönen Augen leuchteten wie Sterne am Nachthimmel, und ihr Körper war geschmeidig wie der einer Gazelle.

Die Schwestern waren fleißig, und während Jusuf faul im Schatten der Pappeln lag, verrichteten seine Schwestern die ganze Arbeit. Sie arbeiteten auf dem Feld, kochten, putzten und versorgten das Vieh. Im Winter knüpften die Mädchen aus Schafswolle die Teppiche, diese verkaufte der Bruder und füllte somit seinen Geldbeutel.

Am schönsten waren die Teppiche, die Güldschan knüpfte. Sie konnte die schwierigsten Ornamente, Blumen und Vögel auf ihre Teppiche zaubern. Ihre kunstvollen Teppiche brachten am meisten Geld ein.

Eines Tages kam ein Fremder zu Jusufs Haus. Man konnte gleich sehen, dass der ein wohlhabender Mann war. Sein langer weißer Bart bildete einen scharfen Kontrast zu dem

schwarzen Kaftan und dem schwarzen Turban. Vorne auf dem Turban prangte ein großer Rubinstein. Er ritt ein Kamel und begleitet wurde er von einer Schafsherde, die ein Sklave vor sich hertrieb. Der Fremde stellte sich als Scheich* Achmed aus dem Lande Bachatsch vor.

Scheich Achmed wollte die älteste von Schwestern, Fatima, zu Frau nehmen. Er lobte Jusufs Schwestern. Als Brautgeld bot er Jusuf 40 Schafe und einen Sklaven.

Für so einen armen Mann wie Jusuf waren 40 Schafe ein Reichtum. Jusuf konnte sein Glück kaum fassen. Der Bruder hatte noch nichts von dem Land Bachatsch gehört, aber er stellte dem fremden Scheich keine Fragen. Jusuf freute sich über die Schafe und gab dem Scheich seine Schwester Fatima, die älteste der Mädchen.

Güldschan und Leyla weinten, da ihnen dieser Scheich unheimlich war, und weil sie sich nicht von Fatima trennen wollten. Güldschan nahm all ihren Mut zusammen und fragte den unheimlichen Fremden: „Wo liegt das Land Bachatsch?"

Jusuf wurde böse. Er gab Güldschan eine Ohrfeige und entschuldigte sich vor dem Scheich. „Oh, ehrwürdiger Scheich, verzeih! Meine jüngere Schwester kann ihr Mund nicht halten!"

So verging ein Jahr und Jusuf nahm sich eine schöne Frau aus dem Nachbardorf, jetzt konnte er sich das Brautgeld leisten. Seine zwei Schwestern, seine Frau und der Sklave arbeiteten alle fleißig und Jusuf konnte ein gutes Leben führen.

Im nächsten Sommer kam Scheich Achmed wieder, und wieder hatte er eine Schafsherde bei sich, die ein Sklave zum Haus trieb.

Er wollte noch eine Schwester zu Frau nehmen. „Ich habe einen Palast und eine Menge Sklaven, ich brauche auch viele Frauen. Du hast gute Schwestern, sie sind gut erzogen! Als Brautgeld gebe ich dir 60 Schafe und noch einen Sklaven dazu!"

Güldschan wusste, dass sie nichts fragen durfte, aber sie machte sich Sorgen um ihre Schwester Fatima. Sie nahm ihren ganzen Mut zusammen. „Wie geht es meine Schwester Fatima? Warum ist sie nicht mitgekommen?"

Jusuf gab Güldschan wieder eine Ohrfeige und schimpfte fürchterlich, aber der Scheich lächelte nur.

„Deine Schwester erwartet ein Kind. Für sie ist es jetzt zu beschwerlich, so einen langen Weg zu reiten."

Der Bruder freute sich über die Schafe, und so verließ die zweite Schwester, Leyla das Haus.

Ein weiteres Jahr verging. Jusuf war jetzt der reichste Mann im Dorf, er besaß nun weit mehr als 100 Schafe. Alle respektierten und beneideten ihn. Er nahm sich sogar eine zweite Frau und war mit seinem Leben sehr zufrieden.

Nur Güldschan war sehr traurig, sie vermisste ihre beiden Schwestern und machte sich Sorgen um sie.

Nach einem Jahr kam Scheich Achmed wieder zu Jusufs Haus und verlangte nach Güldschan. Das Mädchen fragte nach ihren Schwestern und bekam sogleich vom Bruder einen Schlag ins Gesicht. Der Scheich aber lachte wieder nur. „Bald wirst du deine Schwestern wiedersehen! Ich nehme dich als dritte Frau." Als Brautgeld gab der Scheich 100 Schafe und noch einen Sklaven. Jusuf aber war damit nicht zufrieden. „Vergib mir, dem Unwürdigen, dass ich das sage, aber Güldschan kann die schönsten Teppiche knüpfen. Das bringt Geld, sehr viel Geld."

Achmed gab dem Bruder einen Beutel voll Gold. Jusuf griff gierig danach. „Oh, ehrwürdiger Scheich, wenn ich sechs Schwestern hätte, ich hätte dir alle sechs gegeben!"

Das glaubte Güldschan ihm sofort. Sie war wegen Jusufs Geiz sehr verärgert, aber andererseits freute sie sich, ihre Schwestern wieder zu sehen.

So gab Jusuf auch seine jüngste Schwester dem Scheich.

Güldschan stieg auf das Kamel und reiste mit dem Scheich ins ferne Land Bachatsch.

Einen ganzen Tag ritt Güldschan mit dem Scheich, bis sie zu einer Stadt kamen. Am Abend, als die Wachen das Tor schließen wollten, gingen die beiden zu Fuß aus der Stadt. Der Scheich hatte nichts bei sich, außer einem großen, zusammengerollten Teppich. Als die Nacht kam, und die Sterne auf dem schwarzen Himmel leuchteten, blieb der Scheich stehen. Er warf den Teppich auf den Boden und sagte: „Teppich roll dich aus!"

Sofort rollte sich der Teppich aus. Der Scheich setzte sich darauf und befahl Güldschan neben ihn Platz zu nehmen. Güldschan tat es und der Scheich befahl dem Teppich: „Bring mich zu meinem Palast!"

Der Teppich stieg in die Luft und sie flogen über Berge, Flüsse, Städte und Dörfer. Güldschan hatte Angst, aber sie konnte ihre Augen nicht von diesem Teppich abwenden: Solch schöne Muster hatte sie noch nie gesehen!

Der Teppich hatte wunderschöne Blumenmuster mit vielen, seltsamen Vögeln. Diese wunderschönen Ornamente prägte sie sich gut ein.

Am nächsten Tag flogen sie über eine Wüste. Diese war grenzenlos, und die Sonne brannte glühend heiß herab.

Endlich brachte der Teppich sie zu einer Oase, die mitten in der Wüste lag. Dort sah Güldschan einen weißen Palast, mit einem Garten voller Palmen und schönen Blumen. Aber kein Mensch war zu sehen.

„Wo sind meinen Schwestern?", fragte Güldschan.

„Oh Allah! Großes Unglück ist geschehen! Alle meine Frauen und Kinder, und auch die Sklaven starben. Eine schreckliche Krankheit brach aus! Keine überlebte, außer mir!"

Güldschan glaubte dem unheimlichen Scheich kein Wort, aber sagte nichts. Sie bat ihn nur: „Zeig mir die Gräber, wo meine Schwestern sind! Ich will sie beweinen."

Der Scheich zeigte ihr ein Steingrab, wo die Schwestern begraben lagen. Güldschan erblickte das Grab, grämte sich und weinte. In ihren Klagen war so viel Leid, dass selbst ein Stein geweint hätte. So weinte sie ganzen Tag.

Der Scheich wurde böse, ständig ihre Klagen hören zu müssen. „Hör auf zu weinen! Dein Bruder sagte, dass du gute Teppiche knüpfst. In deinem Gemach ist viel Wolle, zeig mir, wie du knüpfen kannst!"

Güldschan fand in ihrem Gemach viel Wolle, aber sie konnte nicht knüpfen, da ihr Herz voller Trauer war, sie konnte nur weinen.

Am nächsten Tag schlich sie aus dem Palast und eilte zum Grab ihrer Schwestern. Den ganzen Tag weinte sie dort.

Als der Mond am Himmel erschien, hörte sie aus dem Grab die Stimmen ihrer Schwestern.

„Achmed ist kein Scheich, sonst ein schwarzer Magier, ein Diener des Schaitans*! Einmal im Jahr muss er das Blut einer Jungfrau trinken um stark zu bleiben. Jedes Jahr holt er ein Mädchen zu sich. Alle Steine, die du siehst, sind die

Gräber der armen Jungfrauen. Oh! Rette dich! Nach drei Monaten wirst du auch sterben! Du hast nicht viel Zeit!" Als Güldschan das hörte, überlegte sie, wie sie von diesem schrecklichen Ort fliehen konnte.

Sie dachte an den fliegenden Teppich. Am Tag lag der Teppich ausgebreitet im Gemach des Magiers. Aber der Magier verbot dem Mädchen sein Gemach zu betreten. Ab und zu verließ der böse Scheich aber die Oase und flog mit dem Teppich für ein paar Tage weg.

Güldschan beobachtete den Magier ständig. Sie sah, wie er vor dem Schlafengehen den Teppich zusammen rollte und ihn unter seinen Kopf als Kissen legte. Nur so schlief er. Das Mädchen überlegte. „Wenn er diesen Teppich derart hütet, dann hat er Angst, dass ich mit dem Teppich fliehen könnte!"

Güldschan schmiedete einen Plan, um dem bösen Magier zu entkommen. Ab diesem Zeitpunkt saß sie Tag und Nacht in ihrem Gemach und knüpfte einen Teppich, der genauso aussah, wie der fliegende Teppich. Sie arbeitete schnell, da sie nicht viel Zeit hatte.

Als ihr Teppich nach drei Monaten fertig war, tauschte sie die Teppiche gegeneinander aus. Sie nahm den fliegenden Teppich an sich. Der Magier merkte nicht, dass er einen anderen Teppich hatte. Zum Schlafen rollte er den Teppich zusammen und legte ihn unter seinen Kopf. Und als er fest schlief, schlich sich Güldschan aus dem Palast, legte den fliegenden Teppich auf den Boden und befahl: „Roll dich aus!"

Der Teppich breitete sich auf dem Boden aus. Güldschan setzte sich auf ihn. „Bring mich aus dieser Wüste!"

Der Teppich flog.

Güldschan hoffte, dass der böse Magier, ohne den Teppich, die Oase in der Wüste nicht verlassen konnte.

Als die Sonne hoch oben am Himmel stand, landete der Teppich mit Güldschan am Wüstenrand. Das Mädchen setzte sich in den Schatten eines Baums und wusste nicht, wohin sie gehen sollte. Zu ihrem Bruder konnte sie nicht zurück: Da es eine Schande für eine Frau war, ihren Mann zu verlassen. Güldschan wusste, dass niemand ihr glauben wurde, dass ihr Gemahl ein böser Zauber sei. Sie grübelte und grübelte, wohin sie gehen sollte. Endlich fiel ihr etwas ein. "Die Leute erzählen, dass die Frauen im Harem des Emirs ein gutes Leben haben. Sie müssen nicht arbeiten und haben viel Gutes zu essen!"

So beschloss Güldschan zum Emir zu fliegen.

Als es dunkel wurde, befahl sie dem Teppich: „Bring mich nach Kabul, zum Emir!"

Der Teppich flog unter Nachthimmel dahin. Die Sterne flimmerten. Bald sah Güldschan die Minarette der großen, ruhmreichen Stadt Kabul. Sie landete im Palastgarten und versteckte sich.

„Wie soll ich vor die Augen des mächtigen Emirs treten?", dachte Güldschan nun ängstlich. Da sie keinen Rat wusste, fragte sie den Teppich. „Was soll ich nur machen?"

Der Teppich rollte sich von selbst aus. Güldschan setzte sich sogleich darauf und er flog mit ihr zum Thronsaal.

Der Teppich landete direkt vor dem Thron des Emirs. Das Mädchen wartete und wartete, schließlich schlief es ein.

Am Morgen kam der Emir in Begleitung seines Wesirs und mehrerer Würdenträger. Verwundert erblickten sie auf dem Teppich ein wunderschönes Mädchen! Güldschan wurde wach.

Als sie den Emir sah, nahm sie ihren Mut zusammen und sprach: „Der Scheich Achmed aus dem Land Bachatsch schickt mich zu dem mächtigen Emir von Kabul, möge Allah sein Leben verlängern! Oh Emir, nehmt dieses bescheidene Geschenk!"

Dem Emir gefiel das schöne Mädchen sehr. So befahl er, Güldschan in seinem Harem bringen zu lassen, wo sie von nun an verblieb.

Sie war mit ihrem Dasein sehr zufrieden. Sie führte ein angenehmes Leben im Palast, zusammen mit den anderen 40 Frauen des Emirs. Güldschan ging jeden Tag im Garten spazieren, atmete den Duft der Blumen ein und erfreute sich am Gesang der Vögel. Sie badete im marmornen Bassin, roch nach Rosenöl und Moschus, trug prächtige Kleidung und Schmuck. Sie konnte Lukkum*, Halwa* und Zuckerkand essen, so viel sie nur wollte.

Einige Frauen des Harems sangen, andere wieder bewegten ihre geschmeidigen Leiber in anmutigen Tänzen.

Güldschan aber verlangte nach Wolle und Seide, knüpfte Teppiche, da sie diese Arbeit liebte.

Den fliegenden Teppich aber versteckte sie gut in ihrem Gemach: Man könnte nie wissen, vielleicht wird sie ihn eines Tages noch brauchen!

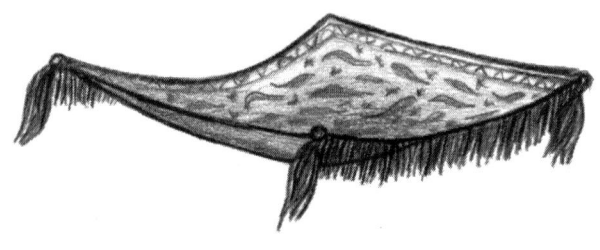

"Blaublütig"

Märchen aus dem Sperling-Verlag
Softcover, 326 Seiten,
ISBN 978-3-942104-13-5

"Tiermärchen"

Märchen aus dem Sperling-Verlag
Softcover, 268 Seiten
ISBN: 978-3-942104-28-9

"Terem"

Russische Märchen, illustriert
Softcover, 200 Seiten
ISBN: 978-3-942104-11-1